令人头疼的孩子教养全攻略 ▶

儿童教养难题
家园互动解决方案

让幼儿教师
工作变轻松

〔日〕Keiko Takayama●主编
王立新●审订　张洁●译

中国青年出版社
CHINA YOUTH PRESS

中青学研

孩子、家长、教师们都在努力

因为临床心理咨询师这个职业的缘故，我亲眼目睹了许多家长的眼泪。有一位家长这样告诉我："我曾为教育孩子达不到理想的效果而感到烦恼，当被身边的人指责说'您家的孩子真没教养，当妈的，回家好好管教管教吧'的时候，我的情绪会变得非常低落。但有一天，有人对我说'您作为一位母亲，能够做到现在这个地步，真是下了很大的功夫啊'，这只言片语把我从黑暗中拯救了出来。"

每当听到这样的话我都非常想把美国的监护人辅导项目（亲子疗法）根据本国国情加以改编，让其在国内也能够发挥作用。

通过实践我对这个疗法进行了不断的改进。这个亲子疗法是面向患有ADHD（注意力缺陷多动障碍）儿童的家长开发设计的，从"怎样看待孩子的异常行为"这个角度来对亲子间的关系进行辅导。我认为，无论孩子是否患有ADHD，这套疗法都是很适用的。

在最近幼儿园教师研修会上大家讨论的话题越来越多。在会中我得知许多教师因为难以和家长建立信赖关系而烦恼。其中最让人痛心的是，尽管家长和教师都尽了全力却仍旧不能建立良好的关系。有位教师曾给我寄来这样一封信，信中说"我曾经对班里的孩子感到束手无策，在处理与家长的关系时也感到力不从心，甚至犹豫过是否要辞去这份从事多年的教师工作。但当我学习了关于孩子自尊的知识后感到茅塞顿开，我终于找到了教育孩子、协助家长的方法"。

其实，教师只要稍微改变一下看待问题的角度，就能改善同家长与孩子的关系。在当今这个时代，每个家长都希望获得一套为自己孩子量身定做的培养方法。因此，这就对身为儿童教养专业人士的幼儿园教师提出了要求，要求他们具有敏锐的观察力，能够观察出每个孩子的特质和行为模式。

这次我在多方的协助下完成了这本《令人头疼的孩子教养全攻略·家园共育》。在此书中，我把观察、应对孩子的方法以及给家长的育儿建议用比较容易理解的自我鉴定及游戏的方式作了介绍。我希望幼儿园教师甚至小学教师、学校的卫生老师、保健医生、生活顾问等幼儿教育的相关人士都能有效利用此书，我也希望处在育儿阶段的父母能够阅读此书，并将你们的意见和感想反馈给我，让我们齐心协力进一步提高此书的品质。最后我衷心地希望教师和家长在读完此书后不再被幼儿的教育和培养问题所困扰，让烦恼的眼泪变成高兴的泪水。

Keiko Takayama

2007年3月

目 录

第 1 章

给家长提供育儿协助时需要注意的地方

在给家长提供育儿协助时，

教师能做些什么，家长希望教师做些什么呢？

希望教师在给家长提供育儿协助的过程中，

能够将一些处理问题的基本方法铭记于心。

主讲人 ● **Keiko Takayama**（爱迪生俱乐部会长 临床心理医师）

为什么要给家长提供育儿协助

我认为教育和培养孩子的最终目标是理解孩子的特质，帮助他们度过美好的人生。其中所谓的特质可以分为两种：

第一种特质：与生俱来的

第二种特质：在成长发育过程中逐渐形成的

在这里我希望大家关注第二种特质，因为它会对孩子以后的人生道路产生极大的影响，而且与孩子在幼儿期所处的环境有着很大的关联。

那么对处于成长期的孩子影响最大的人又是谁呢？答案无疑是"家长"。因此，为了协助家长培养好处于这个时期的孩子（培养第二种特质），就需要幼儿园教师认真地思考该给予家长怎样的协助以及怎样协力构建良好的亲子关系。

家长希望教师起到哪些作用

教师能在哪些方面协助家长呢?

首先,教师可以做到的是每天同孩子及家长见面,并了解他们当天的状态。教师在和孩子及家长见面、交谈的过程中能观察到孩子及家长细微的心理变化,并能对其心理变化过程进行追踪。通过日常接触可以消除教师和家长之间的距离感,并且可以在日常的闲聊中让家长吐露那些在医生专家面前感到难以启齿的话。

除此之外,教师还能够有针对性地对每个孩子的生长发育情况作出周密的应对。因为教师具有婴幼儿成长发育理论的相关知识背景,并且有"观察孩子"的丰富经验,可以将孩子每天的"动态"对家长进行详细的说明。

另外,教师是最了解孩子在同龄群体中的表现的人。有些孩子在家庭生活中没有任何异常表现,但进入幼儿园、参加集体活动时却会出现情绪不稳定、难以和他人相处等问题。而且这种问题在平时一对一的诊断中是难以发现的。另一种情况就是有些孩子可以和大人及非同龄的孩子很好地相处,但一旦进入同龄人的群体就显得十分不合群。一般来说,母亲是最容易发现孩子这些问题的人,并最为之担心。这是因为母亲同孩子相处的时间较长而且和幼儿园的联系更为紧密。但是,由于父亲及长辈们只看到孩子在家中的表现,所以无法完全了解问题的严重性,更无法理解和分担母亲的烦恼。这时候,了解孩子的真实状况并且能够理解、安慰母亲的也只有教师了。

现在,教育和培养孩子方面的相关信息在互联网和书店中已经泛滥了。但是,家长所希望获得的并不是一般的理论知识,而是专门适用于"我家孩子"的方法。从这点上来说,每天照看着"我家孩子"的教师就显得格外重要了。

协助家长的关键词

我把以"协助家长教育和培养孩子"为主题的教师研讨会上收集到的意见和我接受家长咨询时掌握到的信息进行了整理，列出了以下几个给家长提供育儿协助时教师需要注意的关键词。

① 教师要注意自身的精神状态

当你感到有精神负担时，是肯定不能把教育孩子的工作做好的。如果勉强去做的话也是白忙一场，反而会使自己的情绪更加低落。因为身心处于不佳状态就容易产生负面的思考，这时候很难按照计划进行工作。这一点对于教师和家长来说都是一样的。如果自己的心理状态不佳，也很难去帮助别人。所以，首先教师要注意自身的精神负担是否过重，这是协助家长教育孩子的前提条件。

另外，教师需要具备灵活的应变能力。当你努力去做某件事却未达到预期效果时，需要随机应变调整方法。因为孩子、家长乃至整个社会每天都在发生着变化，过去可以顺利解决的问题不代表现在也能顺利解决。

1 和家长建立互信关系

当你自己为某事感到烦恼时,你会找什么样的人去商量呢?一个人能让你敞开心扉,说出自己的烦恼,是因为你信任他,对他放心。相反,当你感到在某人面前难以吐露心声时,是因为你想躲避他的批评、否定或者过度的鼓励。同样的道理,家长其实也是一样的,他们会担心教师指责自己的孩子表现不好。

所以教师有必要花时间和家长建立这样一种信赖关系:让家长觉得对你可以畅所欲言,有的话即使自己不说出来你也能够领会得到。这种能让家长在你面前"畅所欲言"的关系对于作为教师的你来说是非常重要的。

2 倾听

我想很多人都有过这样的经历,别人只是静静倾听自己的诉说就会让人感到如释重负。但是,当我们倾听对方的倾诉时就会不经意地说出"你要是那样做就好了","那其实是这个意思"等话语。

其实人在诉说自己烦恼时情绪的波动是很强烈的,这时他们往往只顾着向外发泄自己的情绪,而很难接受别人的意见。所以当家长向教师诉说烦恼时,教师不必急于下结论,只是去侧耳倾听就可以了。然后再去考虑家长产生这些烦恼的根源在哪里,是孩子与生俱来的特质所造成的、还是由于孩子和家长之间的关系出现了问题所引起的。当然,最理想的情况是家长在向教师倾诉烦恼的过程中自己就能发现问题所在。

③ 和家长建立同感

首先希望教师能够明白这样一个道理：在立场不同的情况下产生相同的想法和看法是很困难的。但是，如果教师一开始就和家长强调这点的话，家长就会"离你而去"。因此，在理解双方立场不同的基础上去追求和家长的同感就尤为重要了。和家长建立相同的看法并不是指去评价家长想法的好坏，而是指要去接受家长的想法，和家长站在同一战线上。

当家长说"我担心……"时，如果教师为了让家长放心而回答"不要紧，你想太多了"，这就不是和家长有同感，家长反而会认为教师没有弄明白自己的意思。如果你是家长，当你和别人倾诉时，别人要是对你说"这是常有的事"、"谁都是这样的"，你自己是不是也会因为没有得到理解而感到很悲伤进而失去倾诉的欲望呢？所以教师应该顺着家长的话说"这样啊，要是我也确实会觉得……"等表示同感的话，这样做就会让家长感到自己的想法被接受了，这点是非常重要的。

④ 尊重对方的价值观

教师和家长携手共同教育和培养孩子时往往会出现这样的情况：当教师把自己的育儿策略告诉家长时，发现双方的意见不一致，结果反而让家长更加觉得不知所措。

有时候，教师和家长对待孩子异常行为的态度会不一致。这是由于每个人的成长经历、价值观、社会经验以及现在处境的差异造成的。但是如果因为意见不一致，就把对方的价值观彻底否定掉，就会让对方受伤，使对方不信任你，这会给对方和自己都带来很不利的影响。所以在给家长提出建议时，不要去否定家长的价值观，而且要注意不要将诸如"这应该是……"的断言性的话语及教师个人所持有的价值观强加给家长。

除此之外，教师心中可能会有的某些固有观念，如"母亲形象"、"疾病症状"等。这些固有观念往往会无意识地起作用，有时甚至会带给家长带来心理压力。所以，教师需要经常检查自己的言行，反省一下自己的言行中有没有发生过这样的情况。

5 教师之间的合作

对于一些很难解决的问题，教师最好不要独自拼命努力，有必要和幼儿园的其他教师一起商量，合作解决。教师一个人抱着问题冥思苦想容易产生"职业枯竭症"，这是孩子和幼儿园都不希望看到的。另外，为了避免看待问题的片面性，让众人一起来商量解决问题可以保证看法的客观性。当然，在许多人一起参与讨论问题时需要特别注意保护被讨论者的隐私。

为了帮助教师了解家长在教养孩子的过程中所担心的问题，我在下一页中列出了一张表格。表格的内容包括家长将孩子送进幼儿园等机构时所担心发生的问题、家长自身的情况等。我有意识地把在公开场合接受检查时容易忽视的内容也添加了进去，也请家长根据孩子的自身情况以及在幼儿园的表现添加自己认为有必要的项目。

通过这样的检查，家长可以整理自己的烦恼，对于教师来说也可以借此了解家长产生烦恼的原因，以便与家长商讨应对的办法。这同时也为教师在幼儿园里应该对孩子进行什么样的辅导提供了线索。请教师

利用倾听家长谈论育儿烦恼的机会或和家长进行面谈的时间，与家长一起完成此表。这样不但可以分担家长的烦恼，还可以通过此表来考虑相应的措施。

填写这张表，或许会给家长带来一些精神负担。如果教师用过于机械的方式进行询问的话还会让家长产生给孩子贴上标签的错觉。这很容易伤害家长的感情。这张表格是为了给家长提供说出育儿烦恼的机会而设计的，并不是要对家长的育儿方式进行评价。所以教师在给家长填写时，请留意家长的态度，如果看到家长对此表格面露难色，请谨慎使用。

现在，您比较担心什么？

在育儿方面，不管是孩子的问题还是您自己的问题，哪些事项比较让您担心？

● 关于孩子

性格方面

☐ 很有反抗性
☐ 认生
☐ 不能安静
☐ 在公共场合发很大的脾气
☐ 经常发呆，反应迟缓
☐ 不听大人的话

玩耍方面

☐ 经常玩同一个游戏（玩具）
☐ 在群体中不能和其他孩子一起玩耍
☐ 不遵守规则（顺序）
☐ 大人不在时不能玩耍
☐ 经常和其他小朋友发生冲突

交流方面

☐ 和他人交流时不看对方眼睛
☐ 不说话，或者说话很慢
☐ 不能回应他人的话，自顾自地说话
☐ 表情单一

生活方面

☐ 严重挑食
☐ 上厕所、穿衣等不能自理
☐ 生活节奏混乱
☐ 睡眠时间过长或过短

健康、运动方面

☐ 过敏体质
☐ 身体虚弱
☐ 不擅长运动或讨厌运动
☐ 动作不灵活

● 关于家长自身

和孩子的关系

☐ 为自己的育儿方式担心
☐ 焦躁，经常对孩子发怒
☐ 不知道怎样和孩子相处
☐ 感到自己不适合教育孩子

身心方面

☐ 为自己的身心健康担心
☐ 没有属于自己的时间
☐ 不擅长和其他孩子的父母交往
☐ 有家庭内部的烦恼

那些让家长感到很难教育和培养的孩子，
教师和家长应该共同努力，
理解孩子的言行，思考应对方法。
让我们通过各种实例来分析、思考一下吧。

解说 ● Keiko Takayama
实例解读 ● Harumi Fujita
（小手球幼儿园地方育儿支援中心骨干教师）

第 2 章

协助建立良好的亲子关系

不是孩子"令人头疼",而是孩子自己也在头疼

当孩子重复着令家长感到头疼的行为时,当孩子的所作所为违背了家长的意愿时,许多家长都会认为这个孩子真让人头疼,这个孩子真难教育。这其实是因为家长自身不知道该怎样去应对。那么,这个让人头疼的小孩本人的心情又是怎样的呢?

也许有家长会认为,孩子是"故意"去做那些让人头疼的举动。实际上,对于处在幼儿期的孩子来说这种情况是非常少的,这通常是因为他"不明白"或者"一时疏忽"才这么做的。当孩子因为一些并非有意识的行为而遭到家长的责骂时,孩子不知道自己为什么挨骂是不是也会感到很头疼呢?如果这样考虑的话,大人口中的让人"头疼"的孩子,其实自己也在"头疼"。

家长在感到教育孩子很吃力的时候,首先要仔细观察孩子,想一想他们为什么会做出这些行为,如果能站在孩子的角度进行思考,家长也许就会改变应对方法。现在为教育孩子而烦恼的家长非常多,这是不是"观察孩子"不够造成的呢?那么这就要求教师能够起到这样一个作用,即告诉家长如何去观察孩子,并和家长一起寻找解决问题的方法。了解孩子感到困惑的原因,找到合适的解决方法,孩子一定能够有所转变。孩子转变以后,教育孩子的难度也会随之降低,家长们多少也能感到轻松一些吧。

马斯洛的需求层次理论

观察孩子时，捕捉孩子最真实的状态尤为重要。在此之前，我们一起先了解一下"马斯洛的需求层次理论"。

美国心理学家马斯洛认为人拥有五种需求层次。这五种需求如金字塔所示，需要由下而上依次得到满足。

对处于幼儿期的孩子来说最重要的是1~4层的需求。如果孩子1~4层的需求未能得到基本的满足，就不会产生第5层的"自我实现需求"（自发地作出努力，渴望自我提升、作出贡献）。为了让孩子自发地产生努力做某事的欲望，家长在命令孩子"去做……"之前，应该先检查一下孩子最初4个层次的需求是否已经得到了满足。

马斯洛的需求层次理论

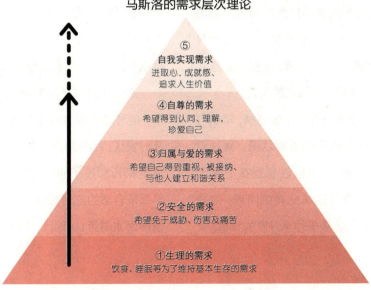

⑤
自我实现需求
进取心、成就感、
追求人生价值

④自尊的需求
希望得到认同、理解，
珍爱自己

③归属与爱的需求
希望自己得到重视、被接纳、
与他人建立和谐关系

②安全的需求
希望免于威胁、伤害及痛苦

①生理的需求
饮食、睡眠等为了维持基本生存的需求

① 生理的需求

这是指饮食、睡眠等为了维持生存和健康所必需的最基本的需求。

近年，儿童生活作息习惯混乱的问题引起了学校、幼儿园的高度重视。日本文部科学省甚至制作了"早睡早起吃早饭"的宣传短片来宣传良好生活作息习惯的重要性。不规律的饮食习惯容易导致低血糖，从而引起肾上腺素的分泌增多，这容易使人陷入一种亢奋状态并出现注意力不能集中、坐立不安等症状。

高质量的睡眠也很重要。研究表明，高质量的睡眠对刺激提高自我控制力的物质分泌很有帮助。许多报告都显示：在饮食习惯和睡眠习惯得到调整后，这些"问题儿童"的行为方式都有了很大的改善。

在下页中我们列出了一张表格，家长可以利用它来检查孩子的睡眠状况。通过记录孩子的睡眠时间，可以注意到孩子是否有入睡时间太晚等诸如此类的问题，这些发现可以成为改善孩子作息习惯的契机。

② 安全的需求

这是希望保护自己免于威胁、伤害、痛苦的需求。对处于婴幼儿时期的孩子来说，虐待问题是最为突出的。许多家长的"管教"行为其实会给孩子带来巨大的痛苦。这不仅包括体罚等身体上的虐待，尖锐的语言或者对孩子漠不关心的态度等也同样都会给孩子带来精神上的痛苦。

特别是那些"令人头疼"的孩子，他们一而再，再而三的不当言行惹来了家长的不断打骂，这对他们已经构成了一种虐待。另一方面，有不少家长被周围人认为是"不会管教孩子的家长"，他们在强大的精神负担下认为自己打孩子是为了"管教"，根本就意识不到自己的行为已经构成了虐待。

家长在对孩子的管教过程中如果出现了一些有虐待倾向的行为，就需要身边的人及时发现，尽早阻止。特别是平日里经常能见到家长和孩子的幼儿园教师，更应该尽早采取合适的应对措施。（具体的应对方法请参考本书第104页）

睡眠时间检查表

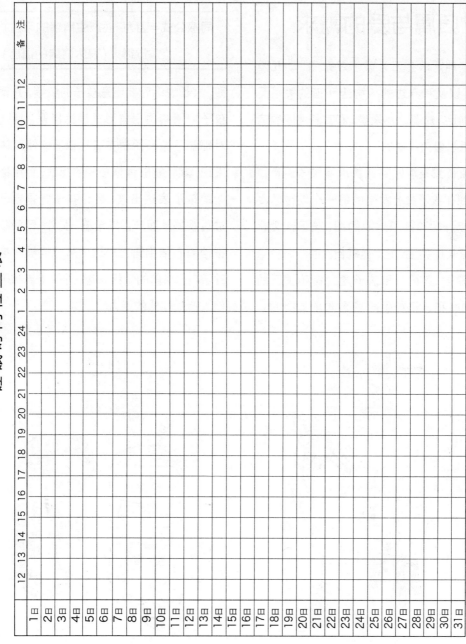

	12	13	14	15	16	17	18	19	20	21	22	23	24	1	2	3	4	5	6	7	8	9	10	11	12	备注
1日																										
2日																										
3日																										
4日																										
5日																										
6日																										
7日																										
8日																										
9日																										
10日																										
11日																										
12日																										
13日																										
14日																										
15日																										
16日																										
17日																										
18日																										
19日																										
20日																										
21日																										
22日																										
23日																										
24日																										
25日																										
26日																										
27日																										
28日																										
29日																										
30日																										
31日																										

※将孩子睡眠的时间段涂色或打勾，这样可以对孩子的睡眠状况一目了然。本表还设置了备注一栏，可以将您注意到的问题写在备注栏中。

③ 归属与爱的需求

这种需求会因为孩子被家庭、幼儿园接纳，以及和身边的人构建和谐的关系而得到满足。对婴幼儿来说，和家长之间的信赖关系是最为重要的。

家长如果能做到认真地听孩子讲话，注意到在孩子身上发生的每一个细微的变化并能经常和孩子沟通的话，孩子就会感受到家长是关注自己、重视自己的。

另外，家长在和孩子建立信赖关系的过程中，和孩子产生同感是非常重要的。

> 同感公式＝因为…（产生情绪的原因），
> 觉得…（表达情绪的语言）

即，家长说话时要留意孩子的情绪，并帮助孩子把情绪用语言形式表达出来。特别是对那些不擅长用语言表达自己感情的孩子来说，家长能够读懂孩子的想法，并用语言帮助孩子表达出来，会让孩子觉得自己是被重视的从而产生安全感。另外，帮助孩子把他的心情用语言表达出来也能够让孩子理解自己当前的情绪状态，并能培养孩子与他人产生同感的能力。

④ 自尊的需求

自尊的需求指的是"希望获得他人的认同，从而感到自我存在的重要性"。关于自尊的需求会在第23页进行详细说明。让孩子自尊的需求得到满足，很重要的一点就是"孩子能够对自己作出肯定的评价"。

家长对孩子作出肯定的评价可以提升孩子的自我评价，从而让孩子萌生重视自己的想法。如果家长总是不经意地对孩子说："为什么连这种事情都办不到呢？"这种负面的话语，会降低孩子的自我评价。

通过检查孩子以上所叙述的4种需求是否得到了满足就可以判定孩子的基本状态如何。在研究"令人头疼的孩子"时，也最好先检查一下孩子是否已经获得了上述的4种基本需求。在下一页中列出了相关的检查表，教师在恳谈会及家长面谈、家园互动、园内的案例探讨研修会等多种场合都可以使用。

马斯洛的需求层次检查表

您孩子现在的状态是否和以下选项一致，请在一致的空格中打勾。如果有与选项不一致的地方，请根据孩子的实际情况考虑应对方法，然后请从①生理的需求开始逐一补足孩子的需求。

①生理的需求 ———————————————————————

☐ 每天都能熟睡

☐ 睡眠时间固定

☐ 睡眠时间充足

☐ 每天都吃早餐

☐ 膳食平衡

②安全的需求 ———————————————————————

☐ 没有受到体罚

☐ 没有受到其他小朋友的欺负

☐ 家庭能带给孩子安全感

☐ 很少受伤或发生意外

③归属与爱的需求 ———————————————————

☐ 孩子在家中受到重视

☐ 亲子关系稳定

☐ 孩子能和幼儿园的小朋友友好相处

☐ 孩子和幼儿园老师的关系稳定

④自尊的需求 ———————————————————————

☐ 孩子想引起他人注意时，采用了正确的方式

☐ 孩子受到他人认同

☐ 孩子喜欢他自己

☐ 孩子对自己的能力很自信

※以上内容有些对于婴幼儿时期的孩子可能比较难判断。如果有难以把握的项目，请根据孩子自身情况进行选择。第4方面是关于孩子"自我"的认识，在婴幼儿期以后的孩子身上会比较显著地表现出来，这是观察孩子时需要特别留意的部分。

什么是自尊

在本书中随处可见"自尊"一词。这是因为这个词语和教育孩子，特别是和"难教育"的孩子有着密切的联系。

这里的"self-esteem"也被翻译为"自尊心"、"自尊情感"、"自我评价"等。

英语中表示自尊的"self-esteem"则具有更为深刻的含义。但是能把其深刻含义表达出来的词语几乎找不到。这是因为在东方的文化环境中，"自尊"这个概念没有受到足够的重视造成的。"自尊"是指能够客观地看待个人的外观、性格、长处、短处、陋习、特长等构成的自我意象，并对其怀有自信、渴望珍惜这样的自己。所以，一般来说，自尊高的人也具有良好的自我评价，会认为自己是有价值的人，即使遇到不擅长的事，也能够继续关爱自己、珍惜自己。

从这个观点出发来分析一下那些"难教育"的孩子。他们做出让大人感到头疼的举动，一般更容易遭到家长的斥责。然而孩子越是不断地遭到责骂，就越容易认为自己是个"没用"的人，自尊也会随之降低。

所以，对"难教育"的孩子和经常遭到责骂的孩子来说，提高他们的自尊心显得更为迫切更为重要。

怎样提高自尊

提高孩子的自尊有三个应该注意的地方：

- **减少使用会对孩子产生负面影响的言语和行为（比如不问原因地责骂）。**
- **发现并放大孩子的优点及长处。**
- **经常对孩子说"谢谢"，增加孩子被感恩的机会。**

　　读者可以参考右页的"自我评价的循环结构图"来理解这三点。一般来说，当孩子的行为受到褒奖赞美时孩子就会提升对自己的评价，并把这种积极的行为保持下去。循环结构图中最重要的部分不是行为的结果，而是行为进行的过程是否被别人认同。虽然我们有时候不擅长用很直接的语言去赞扬别人，但向对方微笑或者友好地顺着对方说话等都是向对方表达肯定的方法。用这些体贴的做法不断地对孩子的行为表示认同和赞扬会让孩子觉得自己被重视，自尊也会随之提高。其实这种做法也适用于大人。比如当夫妻关系变好了，工作被认同的时候大人的自尊也会随之提高。

　　其次，让孩子喜欢自己不仅是让他们喜欢自己的长处和优点，更是要让他们喜欢和珍惜自己的全部，包括自己的短处与缺点，这一点是非常重要的。实际上，失败的时候，或是身心状况不佳的时候，正是提高自尊的好机会。比如，在失败的情况下，身边的人鼓励说"失败也不要紧啊，你的努力大家都看见了"，这就意味着自己努力的过程被大家认同了；在感冒的时候有人亲切地来探望，就会感到自己被别人重视。类似这些表面上看起来"不良"的状况也都可以维持个人的自尊心。

　　另一方面，孩子的自我评价越低，就越不会积极地去行动。这样的话，即使获得成功，孩子也不会把成功归结到自己的实力或能力上去，自我评价也不会随之上升。所以如"低自我评价的循环结构图"所示，抑郁症等症状也很容易出现在这种循环中。

再者，处于这种状态下的孩子，失败后本来就容易降低自我评价，如果身边的人再责骂他的话，孩子的自尊会越发降低。在第1章中也提到过，自尊属于第二种特质（在成长发育过程中逐渐形成的），所以极易受周边环境的影响。低年龄的孩子，受到表扬后会马上"率真地喜悦"起来，自我评价的上升也比较容易。但是，随着孩子年龄的增长，孩子们受到表扬也没那么容易马上表现出"喜悦"，自我评价的上升也会相对变得困难。可是，即使是低年龄的孩子，在连续受到责骂后，也有相当一部分人的自我评价是会降低的，恢复的速度也要视"心理受伤"的程度而定，有些孩子不是那么容易就能恢复过来的。只有身边的人找到他的优点并对他进行肯定之后，低自我评价循环才会向高评价循环转变，孩子的自尊才会一点点地发生转变。自尊是生存的基础，好好培养处于幼儿期的孩子的自尊可以帮助他们应付将来可能遇到的挫折和失败。

● 高自我评价的循环结构

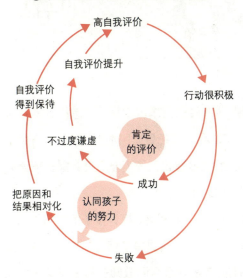

● 低自我评价的循环结构

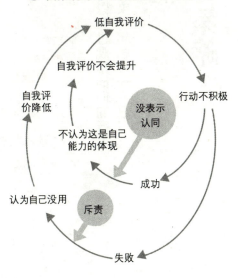

※ 出自：《自我评价的心理学——为什么他那么自信》
作者 / 克里斯托夫·安德烈，鲁特如·弗朗松　翻译 / (日)高野优（日本 纪伊国屋书店 出版）
本图摘自此书并作了一些调整

实践

事前确认 ⟶ 倾听家长的话·观察孩子

对什么感到烦恼？

观察孩子的言行，思考应对的策略

对于"让人头疼"的孩子，我们可以通过观察他们的行为考虑应对的策略。让我们通过实例来一起思考一下吧！

确认教师是否能创造一种让家长主动敞开心扉的谈话氛围／教师同家长之间是否建立了信赖关系／家长自身的精神状况如何／除了孩子的问题家长是否还有什么更深层次的问题／教师要注意言语之外所传递的信息等。

→如果有令家长感到不安的其他原因，首先应该协助家长解决自身的问题（参考第3章）。

教师请家长列举孩子"令人头疼"的言行。然后观察孩子。

孩子总是安静不下来啊。

和家长一起思考

刚才我们根据马斯洛的需求层次探讨了怎样观察孩子的基本状态。接下来，我们要把目光瞄准对"孩子言行的观察"。这时，只有老师提出建议是不行的，只有家长配合并把这些建议付诸实践才行。

首先，教师在和家长一起思考、探讨孩子的言行之前，要先确认教师和家长之间是否具备了相互信任的关系，家长自身当前的精神状态是否适合同教师一起思考孩子的问题。要注意如果在心情非常不好的情况下考虑孩子的问题，家长反而更容易产生精神负担和压力。

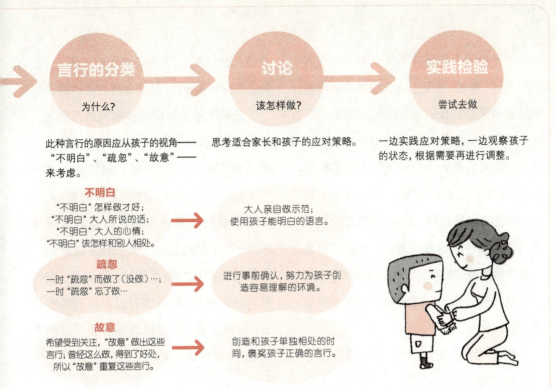

言行的分类	讨论	实践检验
为什么?	该怎样做?	尝试去做
此种言行的原因应从孩子的视角——"不明白"、"疏忽"、"故意"——来考虑。	思考适合家长和孩子的应对策略。	一边实践应对策略,一边观察孩子的状态,根据需要再进行调整。

不明白
"不明白"怎样做才好;
"不明白"大人所说的话;
"不明白"大人的心情;
"不明白"该怎样和别人相处。

→ 大人亲自做示范;
使用孩子能明白的语言。

疏忽
一时"疏忽"而做了(没做)…;
一时"疏忽"忘了做…

→ 进行事前确认,努力为孩子创造容易理解的环境。

故意
希望受到关注,"故意"做出这些言行;曾经这么做,得到了好处,所以"故意"重复这些言行。

→ 创造和孩子单独相处的时间,褒奖孩子正确的言行。

接下来,如果家长愿意敞开心扉诉说烦恼,那么就进入了倾听阶段。让家长列举孩子"令人头疼"的言行,以及他们当时的想法和反应。这时,教师需要注意,不要用"询问"式的语言来和家长谈话。另外,必要时可以创造机会让家长观察自己孩子在集体中的表现。

从"不明白"、"疏忽"、"故意"的角度来考虑

接下来我们站在孩子的角度去考虑一下他们为什么会做出"令人头疼的言行"。我们可以从"不明白"、"疏忽"或者"故意"这三个角度去分析孩子做出这些言行的原因。

比如,当孩子早上起来不梳洗时,也许是因为他们"不明白"早上该做什么,也许是因为专注看电视,把梳洗给"疏忽"了,也许想让父母帮他梳洗才"故意"磨磨蹭蹭。因此,综合各种可能性,重新审视孩子"令人头疼"的行为是很有必要的。

孩子的每个言行并不仅只有一个相对应的原因。有时,甚至上述三个角度也不能把所有原因都包含进去。而且,"不明白"这句话可以认为是"不明白对方的心情"、"不明白对方说的话"等,可以有许多种意思的"不明白",由此可见,一种角度的分析中也包含着多种解释。其实,要从三个角度去分析原因并不是最重要的,最重要的是从各个角度去理解孩子。这里列出的三个角度只是抛砖引玉,引导我们去了解孩子的想法并进行思考。

教师可以在这个时候让家长观察孩子在幼儿园的表现,并告诉家长自己是从什么角度去分析孩子的,又是怎样去应对的。

分析了孩子出现这种言行的原因后,再去思考应对的策略。所谓的应对策略并不是像"操作手册"一样机械地采用某一个策略来应对孩子出现的某种行为,而是应当根据每个孩子和家长的具体情况来考虑,找出最适合自己孩子的应对策略,从最恰当的地方着手尝试。这时候,教师可以告诉家长,幼儿园可以为孩子做些什么,这样一来,家庭和幼儿园便可以携手共进、一同帮助孩子了。

在实践和错误中前进

在应对策略的实践过程中,不断根据实际效果确认孩子的状态变化是非常重要的。效果很好时,家长和孩子都会很满意,而当预期的效果没有出现时,家长则需要对策略进行反省。总之,重复"观察→研究→实践→检验(反省)→实践⋯"的过程,在实践与反思中将策略实施下去。

家长有意识地去干预,孩子的状态会向好的方向转变,家长也会重拾教育孩子的自信,甚至,认为孩子"不好教育"的态度也会得到改变。

接下来我们将通过具体的例子,告诉读者观察和应对孩子的重点。也请读者在阅读的时候考虑一下如果是自己的话,又会怎样去应对这些情况。

**不明白
该怎么办才好**

喜欢把抓在手里的
东西扔出去女孩A

2岁

家长和孩子的现状

　　在幼儿园吃饭的时候，小A就总是把筷子和勺子扔出去，要是告诉她这样做是不对的，她的做法反而更加升级，甚至开始扔碗。在家中小A也是如此。母亲认为或许是小A肚子不饿，把扔东西当成是一种玩耍，所以就尽量减少给小A吃零食，多做她喜欢吃的菜，可是小A在吃饭时依旧拿起什么扔什么，一点都没有好转。

　　小A还把玩具等其他东西一个个地翻出来，但也不玩就直接扔出去。家中的玩具被扔得到处都是。母亲想，反正小A也不玩，就干脆把玩具藏到小A看不见的地方去了。

应对的重点

孩子"扔东西"这种行为可以理解为孩子表达不出想要说的话，或者不知道扔东西这件事本身是错误的。**在这种情况下，大人可以引导孩子说出想要表达的意思，帮助孩子组织语言，并让孩子知道什么才是正确的行为。**不过，考虑到孩子的年龄及成长发育的情况，在帮助孩子组织语言的时候切记不能心急。小A在幼儿园的表现和在家里的表现几乎是一致的，所以，教师和家长可以相互交流小A的状况，共同考虑应对方法。

首先研究关于吃饭的问题。小A吃饭时扔东西的原因或许就是如母亲所说的小A肚子不饿。**假设小A是因为吃饱了不知道该怎么办，才把勺子、筷子扔出去玩的话，那么让我们考虑一下用什么方式可以让小A明白应该怎么做。**比如，我们可以尝试当小A扔勺子的时候，不去责骂她扔勺子的行为，而跟她说"你肚子吃饱了呀，那么就告诉大家你吃饱了吧"，然后把她的餐具收拾起来。通过这样的行为，孩子就会明白在吃饱了后就要对大家说一声"我吃饱了"。如果不想让孩子做某事的话，大人总会用否定性的语言对

孩子说"不许……"，可是这样孩子仍然不知道应该去做什么。**所以对孩子说"去做……吧"的话，可以让孩子明白应该怎么去做，这是非常重要的。**

另外，当小A吃饭时，可以对她说"在认真吃饭啊，真乖"。**对孩子做得正确的事随时都要将"这样做非常好"的信息传达给他。**对孩子正确的行为作出肯定很重要。"作出肯定"不仅可以用褒奖的话语，还可以用微笑以及表示赞许地拍拍他的肩等许多表达方式。只是，对难以理解语言以外信息的孩子来说，还是用语言来传达比较好。

接下来谈谈玩具的问题。如果从孩子的年龄上来考虑，小A还没到能专心玩玩具的年龄。教师可以把幼儿园内花心思设计的"游戏角"以及应对方法介绍给家长。

如果家长一边生气，一边帮助小A收拾玩具的话，家长和孩子都会产生精神负担。所以可以为**小A创造一个玩具可以随便放、不用收拾的、专属于小A的玩耍空间**。有多余房间的话，就用这间空出来的房间；如果没有多余房间的话，可以在房间内的角落里开辟一块空地，在上面铺上地毯，并用彩色胶带把玩耍地带标识出来，这样可以让孩子更容易明白。地

毯的颜色也可以选择小A喜欢的颜色。当小A在玩耍地带玩耍时,可以对她说"真聪明,小A的地方真不错啊"。当小A把玩具放到玩耍地带以外的地方时,就可以问她:"小A你的地方在哪里啊?"。**像这样不去责骂孩子,让孩子自己认识到自己的不对才是最重要的。**当小A意识到自己做错了之后,家长可以用"是呀,你玩耍的地方在那边"来帮助她确认自己的错误。这样反复几次,小A就会意识到玩耍的地方在哪里了。玩耍的地方被固定后,玩具在家里到处乱扔的情况也应该会随之减少。即使小A把玩具扔得到处都是,家长也不要去责备她,而是走到小A身边,抱起她的娃娃说"娃娃真是太可爱了",将自己温柔的一面展现给小A。对小A来说,其实她自己是没有"乱扔玩具"这个意识的,只不过是对不断映入眼帘的东西怀有很大的兴趣,什么都想拿起来研究研究而已。所以当**大人做榜样给小A看的时候,她就会明白应该如何对待自己的玩具了。**

小A的地方真不错啊!

Point·····················
● 帮助孩子将想法变成语言并表达出来。
● 大人作为榜样,将正确的行为示范给孩子看。
● 不要使用否定的语言,当孩子做出正确的行为时,要及时地给予他肯定。

31

Case 2

不明白别人的指令

完全不听大人话的男孩B

4岁

家长和孩子的现状

小B喜欢把玩具一件一件地都拿出来，拿出来后也不收拾。家长总是不断对他说"收拾起来"、"快点整理干净"。但是小B一点都不想整理。即使整理，也是很粗鲁地胡乱弄两下，家长让他轻拿轻致，让他爱惜玩具，他也完全不听。

除此之外，在外出前，家长希望小B动作快点，可是小B仍旧一边玩一边慢吞吞地收拾着。小B就是不听家长的话，家长很烦恼，完全不知道该怎么办。

应对的重点

家长对小B一次发出的指令太多了。开始是让小B收拾玩具，然后又对他提出了"快点"、"干净点"、"小心点"、"爱惜点"等各种要求。**家长最好向孩子逐一发出清晰的指令，否则就会扰乱孩子的思维，让他们不知所措。**而且，孩子不能完成家长的指令时，家长就会对他发火，所以对孩子来说收拾玩具就成了一件很讨厌的事情了。

那么家长该怎样对孩子发出指令呢? **家长应该把希望孩子做的事，亲自示范给孩子看，示范时再添加上必要的语言说明**，这样孩子就容易理解了。

比如，拿"整理"这件事来说，家长可以对小B说"整理一下玩具吧"，然后亲自动手示范如何整理玩具。最初的时候，家长可以把对小B的期望设定为他能够自己整理一个玩具。家长可以在自己整理的同时，不经意地把玩具箱推到小B的面前，如果此时小B能够把拿出来的玩具收拾进去的话，家长就可以表扬他说"真厉害，小B真聪明，会自己收拾玩具了"。

当整理到最后一件玩具时，家长可以把这件玩具交到小B手上，并对他说"最后一个了，就拜托给你啦"。如果小B能够把这件玩具也收拾起来的话，家长就可以用"小B真厉害，把玩具都收拾好了呀"、"收拾干净了，舒服多了吧"等话语来表扬他。除了表扬的话语以外，还可以对小B说，"玩具收拾起来了，房间就变干净了"、"房间变干净了真是件好事"等，这可以让小B明白整理东西是一件好事。

最后一个了，拜托给你啦!

没问题!

另外，怎样让小B明白"轻拿轻放"、"珍惜玩具"的意思呢? 家长可以拿一件小B很珍爱的玩具，一边对小B说"这是你最珍爱的玩具吧，我会很小心地放好的"，一边很小心地收起玩具。家长边说边做出示范是很重要的。如果希望小B动作快一点的话，家长可以一边说"哎呀不好了，动作不快点儿的话就要来不及了"、"得赶紧收拾了"之类的话，一边快速地收拾东西示范给小B看。这里需要注意的是，"哎呀不好了，动作不快点儿的话就要来不及了"等话不能直接对小B说，而是家长假装自言自语故意让小B听到的。

以上的这些做法中最重要的是不要勉强孩子做某些事。因为即使孩子今天做不到，明天也是有可能做到的。最重要的是在干预孩子的行为时，**要让孩子认为"整理东西=很快乐=好事"**。

大人在干预孩子的行为时要注意: **孩子是能够理解自己所说的话，尽量用孩子容易理解的话语给孩子传达信息。** 通过这样的干预行为，孩子的状态就会逐渐得到改善，总是对孩子发布命令的家长也会变得经常表扬孩子，孩子在受到表扬后就会快乐，做起事来就有了干劲。一位家长曾这样对我说:"通过这样的干预，我的育儿活动也变得快乐起来了。"

小B
你真棒!!

Point

● 要从"孩子可能理解不了话的含义"的角度来干预孩子的行为。

● 不要一次对孩子提出过多的要求。

● 把希望孩子做的事先示范一遍，并添加语言说明。

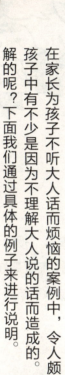
不容易传达的话语

在家长为孩子不听大人话而烦恼的案例中，令人颇感意外的是，出现这样问题的孩子中有不少是因为不理解大人说的话而造成的。那么什么样的话是孩子难以理解的呢？下面我们通过具体的例子来进行说明。

不是"不听话"而是"听不懂话"

要是您觉得"对这个孩子说了多少遍他也不听"，您最好回想一下自己当时是怎样对孩子发出指令的。

这么说是因为，大人常常认为自己对孩子说的话很通俗易懂，但很意外的是其实这些话里有很多都是很难传达给孩子的。即使孩子听到了，也很难理解这些话的含义。如果孩子本身不能理解这些话的含义，那么家长重复多少次也没有用，最后只会增加家长和孩子双方的压力而已。

那么，什么样的话语是难以传达给孩子的呢？怎么做才能传达到孩子那里呢？让我们来思考一下吧。

孩子的生长发育速度各不相同，特别是婴幼儿时期，孩子正处在语言发展个体差异最大的阶段。读者可以参考下页中所介绍的具体事例来掌握孩子生长发育的阶段，时刻注意什么样的语言孩子容易理解，并在日常生活中使用这样的语言来进行对话。这一点是非常重要的。

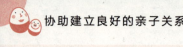

不理解指示代词

家长总在无意中使用"把那个拿来"、"把这个收拾起来"等指令。"这个"、"那个"、"哪个"等指示代词对孩子来说是很难理解的。

所以，家长需要把宾语具体化。比如说"把玩具放到箱子里去"，"把盘子拿来"。另外，家长要把物品描述详细，比如"玩具车"、"黄色的盘子"等。而且最好边做动作示范边进行解释，并尽可能地配合孩子的理解力，用容易理解的话来告诉孩子。

不理解抽象的语言

家长也总是对孩子说"用时要爱惜点"、"和小朋友们好好相处"等抽象性的话语，这些抽象的语言孩子也是不容易理解的。

家长要把话说得具体一点儿，比如"不要把书撕坏了"。因为当孩子把书撕坏时，即使家长对孩子说"要爱惜图书"，孩子也不明白把书撕坏是正确的事还是不正确的事。不过，为了让孩子明白抽象语言，也有必要在适当的时候使用。比方说当孩子很爱惜地看书时，可以表场一下孩子说"能爱惜图书，真了不起"，孩子便能够逐渐理解这些抽象语言的含义了。

● 不理解有省略的话

例如"快点"、"去吧"等话语省略了很重要的信息，孩子不明白"什么要快点"、"要到什么地方去"。

所以大人说话时不要省略，要把"干什么"说出来。比如"快点吃饭吧"、"快去厕所吧"等。另外，类似"快点"、"慢点"、"少点"、"许多"等表示程度的词，孩子也是很难理解的。大人最好设法用数字或者用眼睛看就能明白的方式来表述。

● 不理解与真实意思有差异的话（双重约束）

大人总是说"随便你吧"，可是如果孩子真的随便干了，大人又要发火了。这是因为大人把"随便你干什么吧"和"不要随便干"这两层相反的意思同时说了出来。这就是英国人类学家格雷戈里·贝特森所称的"双重约束（左右为难）"。类似的情况还有，大人板着脸说"随你喜欢吧"其实是传达给孩子否定的信息，过一会又说"你不应该这样做的"，把刚才说的话又收了回去。诸如此类的话就会引起孩子的思维混乱。

当大人希望孩子做什么时，只要简单地说"去做一下……"就可以了。等到孩子学会了通过理解当前状况来觉察对方的想法时，就会明白"随便你吧"其实并不是字面上表示的意思。需要注意的是处在幼儿阶段的孩子是理解不了这层意思的。

※出自：《改变自己，孩子也会随之改变》 作者／(日)岸英光 高山惠子（日本 爱迪生俱乐部）

Case 3

不明白对方的心情

总是若无其事地说出令人讨厌的话的男孩C

4岁

家长和孩子的现状

小C一点都不认生，喜欢和人讲话，而且和谁都搭话。他总是若无其事地说出"叔叔，为什么你没有头发呢"，"阿姨，你好胖啊"等让人讨厌的话。家长总在担心小C，因为现在还小，周围的人只是笑笑并不计较他说的话，但是这样下去，以后他也许连朋友都交不到。

虽然家长要求小C考虑一下对方的心情再说话，可是小C总是把想到的东西脱口而出。这是因为小C从来就不认为这样说有什么不对，家长即使对他说"你不能这样说"，他仍旧不明白为什么不能这样说，他只知道家长总是在生他的气。

那么怎样才能让小C明白呢？首先有必要**确认一下小C是否理解"不高兴"的意思。为了让他明白别人的心情，就必须首先让他明白自己的心情**。比如当小C的玩具被别人抢走了的时候对他说"（其他小朋友把你的玩具抢走了）你会觉得不高兴对吧"，家长有必要像这样把心情用相应的语言来告诉他。**通过亲身体会让小C理解了"不高兴"之后，就可以试着让小C换个角度去理解他人的心情了**。比如当小C抢了其他小朋友的玩具而且弄哭了人家的时候，告诉小C"○○小朋友的玩具被抢走了哭得真伤心啊"让小C通过自己的亲身体验来感受他人的"不高兴"，这样小C也能慢慢地学会理解他人的心情。

如果大人想告诉孩子不该说的话具体有哪些，就可以把那些自己听到后会不高兴的话告诉孩子。但是最好不要对孩子说："你说……的时候妈妈我非常不高兴，所以我希望你以后不要再说这些话了。"因为这样说的话，孩子很有可能会问"为什么不能说啊"，如果家长再去说明理由的话，不仅要花很长时间，而且小C也可能还是无法理解家长所说的。因此只要反复告诉孩子"我听你那样说觉得非常不高兴"就可以了。

当小C说出"为什么没有头发"、"好胖"等话时，家长可以首先向对方道歉。对小C来说，可能很难理解为什么评论别人的外表会引起对方的反感。即使举例告诉小C，以小C的年龄也很难做到设身处地去体会别人的心情。这时候，家长可以把不能说某些话**作为一种规矩**告诉小C。比如告诉小C"这种话是不能说的"，"不能随便评论别人的身体"等。当然也有些孩子在看到家长道歉的样子后就会明白那些话是不能说的。

另外，对于那些对语言已经有稍许理解力的孩子来说，如果告诉他"这种话只能在心里想，是不能说出来的"，他们也有可能明白其中的意思。如果孩子能够理解的话，**大人可以帮助他们区分哪些话是可以说的，哪些话是只能放在心里想的**。这样，他们渐渐就会明白两者之间的区别，总有一天他们会自己思考，并在说出口前询问家长"这个话是不是可以说，这个是不是只能在心里想"。

放在心里的话

没有头发

好胖

肚子突出来了

别人的身体特征

Point
- 让孩子设身处地去理解对方"不高兴"的心情。
- 有些孩子在现阶段理解起来比较困难的内容作为规矩来告诉他。比如"不能说……"。

Case **4**

不明白
如何与人相处

语言粗暴、
暴力倾向严重的男孩 D

5岁

烦死啦!!

笨蛋!!

家长和孩子的现状

　　最近刚转幼儿园的小 D 对第一次
见到的人就骂人家是"笨蛋",对别人
说"烦死了"、"去死"这些话,还扔
别人的东西。对幼儿园老师也是如此。
老师教育他,他反而变本加厉。在以
前的幼儿园,小 D 就喜欢欺负其他小
朋友,幼儿园老师一直对家长说"希望
你们在家里能好好教育他"。母亲对于
这个不服管教的小 D,也不知该如何
是好,感到非常烦恼。

应对的重点

在应对孩子骂人、打架的行为时，首先要考虑"为什么孩子总是做出这样的暴力行为"然后再进行干预。小D的情况似乎是希望与别人进行交流，但是当别人说了小D之后，他似乎又不能接受。其实当小D出现暴力的言行时，大人不必对小D说过多的话，**也许给小D创造一个机会，促使他自己去思考"该怎么办"，也不失为一个好方法。**

比如入园时，不论小D对幼儿园教师说什么，教师都应该平静地笑盈盈地对小D说"早上好"。不论小D对教师做了什么，教师都不要露出很厌烦的表情，而是对他说"那么，接下来我们来玩些什么呢"等，然后把小D喜欢的玩具拿给他。当小D嘴里一边骂着"笨蛋"一边玩得很高兴的时候，教师可以表扬他说："小D，玩得很不错啊，真厉害！"

教师也可以让家长来看一下幼儿园对小D这种情况的应对方式，并把应对策略告诉家长。即，**不要去干预小D的这种"不良"言行**，通过创造让小D玩耍的机会，让他产生这样的想法："与其不被重视，不如和大家一起玩，玩了后会受到表扬，**通过正面行为**

得到大家的重视自己很高兴。"

小D的暴力言行似乎不是因为讨厌对方，但是从旁人的角度来看这就成了"不良举动"。所以，就有必要把小D的这些行为转换成适合当前场合的行为。为了达到这个目的，**在每天对小D实施的干预中让他反复体验"只要行为正确了就会得到认同，得到他人认同自己会很快乐"是很重要的。**

在接下来将要讲述的"行为分析和整理"的部分会对以上的干预方式作更深一步的分析，并介绍必要的应对策略。

玩得很不错啊！

分析和整理孩子的行为

通过回想孩子的日常行为，分析并整理他们的行为模式可以改变对孩子的看法，找到合适的干预方法。我们将从以下的角度开始进行分析。（针对幼儿园老师的情况请参照第48~49页）

首先，关注孩子的"讨人喜欢的"行为。然后回想一下当孩子做出这些讨人喜欢的行为时，大人做出过何种干预，是否对其给予了表扬和认同？

然后，让我们从以下两点来分析一下孩子的"不讨人喜欢的"行为：

① 应该立即阻止的行为

当孩子出现伤害别人、伤害自己以及破坏公共财物的行为时家长要及时阻止。

② 并不值得特别紧张的行为

孩子不断骂人或哭泣、坐在桌子上、到处乱摸等行为并不是那么值得紧张的行为。

当孩子出现第一种行为的时候，大人即使用身体也要去阻止。当发生第二种行为时，则不用立刻去阻止，只要等待孩子自己做出正确的行为就好。这时候最重要的不是去关注孩子那些"不讨人喜欢的行为"，而是要去考虑如何改变孩子的这种行为并重新审视周围环境以及大人的干预方法。看到孩子做出正确的行为时，就应该立即给予孩子表扬。对孩子的正确行为给予正面评价是最基本的应对方法。

就像这样，先对孩子的行为进行分析，然后再进行干预，当孩子的行为发生变化后，家长也会对教育孩子逐渐产生信心。

Point

● 思考孩子为什么出现暴力言行。

● 创造机会让孩子自己思考。

● 分析孩子的行为，反省干预的方法。

+α

解说

从行为分析的角度来思考应对方法

在案例4中，我们介绍了在研究应对措施前先对孩子的行为进行分析的方法。在这里，我们将详细探讨该怎样看待孩子的行为以及应该如何进行应对。

关注积极的一面

摸摸

这么说起来

从关注孩子的正确行为开始

当孩子出现令人头痛的行为时，大人一般会考虑怎样去改变他的行为。责骂孩子、逼迫孩子听话……想尽各种办法让孩子作出改变。但是，在教育孩子的过程中值得家长重视的并不是孩子的负面行为而是正面行为。因此首先来想一想怎样去关注孩子的优点吧。

家长总是抱怨说"我家的孩子连一个值得表扬的地方都没有"。但是非常细小的事都是值得表扬的，诸如孩子能自己起床、自己穿鞋等。因为对幼儿来说，许多时候他们都不明白哪些才是正确的行为。大人关注孩子"正确的行为"是非常重要的，这可以让孩子理解具体什么行为才是正确的，并能增加这些行为的发生率。另外，给孩子微笑、拥抱等都是一种对孩子予以肯定的方式。多表场多肯定幼儿期孩子的正确行为，还能起到提高孩子自尊的作用。

随着孩子年龄的增长，单纯的"表扬"对孩子来说已经不够了。这就有必要综合孩子的年龄、性格、现在的状态和想法等要素，认同孩子从而帮助他建立自信。另外，表扬方式的不同，也有可能出现相反的效果。所以对孩子进行表扬时要注意以下三点。

● 表扬孩子时的要点

● 不是表扬结果，而是表扬过程

比起"在赛跑中获得了第一名"，"每天苦练跑步提高了速度"这种表场方式更加高明。"重视过程"的态度，随着孩子年龄的增长会显得越来越重要。在"自尊"这个部分也提到过，即使孩子经历了某种失败，只要身边的人认可了孩子努力的过程和积极的态度，孩子本人的自我评价就不会下降。随着年龄的增长，孩子不会因为在意大人的评价而感到不安，也不会在受到表扬后太过兴奋。当大人对孩子的努力作出肯定的评价时，孩子会对自己更有信心，自我评价也会随之上升。

这样考虑的话，大人在评价孩子的时候，关注孩子努力的过程就显得十分重要了。

● 不要讽刺孩子

孩子做出正确的行为时，要是家长对孩子说"太难得了，太阳是不是从西边出来了"，"你要是一直都能够这样就好了"等包含讽刺意义的话语是起不到表扬效果的，而且孩子也不会感到高兴。所以在孩子表现好的时候，还是用比较简单的表扬方式来传达，效果会更好。

● 不要拿孩子同他人作比较

有的家长会用与其他孩子或者兄弟姐妹进行比较的方法来表场孩子："你做得比小A还好呢！"这种方法是不可取的。首先，如果被拿来作比较的孩子小A就在你旁边的话，那么听到这些话后，小A的自尊会下降。另一方面，对于被表扬的孩子来说，受到的也不是正面的表扬。因为如果让孩子学会了通过同别人比较来评价自己的话，那么当孩子失败的时候，就会陷入自己比其他孩子差的思想负担中，这也会导致孩子的自尊下降。特别要注意的是，绝对不要将孩子同与他一生都有联系的兄弟姐妹进行比较。

即使要作比较，也应该拿孩子现在的状态和以前的状态作比较并进行表扬。比如，就换衣服而言，可以对孩子说"3岁的时候你还要妈妈帮你穿衣服，现在完全可以一个人来完成了，真是太厉害了"。

怎样应对孩子"令人头疼"的行为

虽然关注孩子"令人满意的行为"最重要，但孩子并不总是能做出"令人满意的行为"。就像第43页所说的，即使在"令人头疼的"的行为中也有"并不值得特别紧张的行为"存在。对于那些"并不值得特别紧张的行为"，基本的应对方法就是"不去干预，等着孩子自己做出正确的行为"。本页我们将介绍各种各样的实例以及应对方法。请教师和家长对照孩子的行为状况进行参考，并思考一下今后应该怎么做。

孩子对家长"表扬"、"提醒"自己的反应，是建立在与家长的信赖关系基础之上的。为什么这么说呢?

● 应对"令人头疼"的行为时的要点

● 改变角度重新认识

首先，确认孩子的行为是否真的是"令人头疼的"，然后根据第27页中提到的，从"不明白"、"疏忽"、"故意"这几个角度去重新认识孩子的行为，这是方法之一。

另外，有些时候是因为大人和孩子间的代沟、家长个人的价值观等原因把孩子的行为归类为"令人头疼"的行为。这时候就需要家长改变自身的想法，因为孩子的这些行为并没有严重到需要责骂的地步。

● 不要立即进行干预，看着就可以

孩子的行为没到非阻止不可的地步时，最基本的应对方法不是立即干预孩子的行为，而是在一旁看着孩子。当孩子的行为有变好的趋势时，就有必要立即给予表扬。这样就能让孩子逐渐明白什么行为是正确的，什么行为是不正确的。

● 靠近孩子心平气和地说话

在提醒孩子时不要使用太大的声音，不要过于情绪化。也不要选择做事的间隙很随意地提醒孩子，而要腾出时间好好地与孩子面对面、心平气和地谈话。这样会让孩子意识到家长在同自己说话，要集中精力听大人讲话。

● 用简洁易懂的话反复强调

冗长的话，小孩子要全部理解是很困难的。而且有的孩子无法理解含糊的说法和表情。因此把想表达的意思用简洁易懂的话反复强调一下，例如："做……吧。"

● 不要用否定祈使句

不希望孩子做出某种行为时，也尽量使用肯定的祈使句。比如不要对孩子说"不要跑"，而应该说"慢点儿走"，不要说"不要打开"，而是说"就这样放着吧"。

● 让孩子选择

对孩子"令人头疼"的行为进行干预并把这种行为转变成好的行为是非常重要的。在干预的时候，要让孩子自己选择并决定是"这样做"还是"那样做"。这样一来，孩子会觉得这不是大人命令的而是自己作出的选择。

把这种干预方式持续进行下去，渐渐地即使家长不让孩子作选择，孩子也会自己思考该如何去做了。

● 行为的预防（确认规则）

当孩子总是反复出现同一种行为时，家长可以总结出孩子会在什么样的情况下出现这种行为。

然后家长就可以在预计孩子会出现此类行为的情况下，事先提醒孩子，比如"在超市里你要干什么"、"吃零食前你要干什么"等。这样做，可以让孩子在想做某事的时候回想起规则，并且渐渐地提高他的自我控制力。

● 不要否定孩子的人格

越是年龄小的孩子听到家长说"你这样做，妈妈就不要你了啊"这样的话时，越会感到家长在讨厌自己。大人提醒孩子的时候，要把"你自身并没有什么不好，但是你所表现出来的行为是不对的"这个信息传递给孩子。而像"你什么都干不成"这种否定孩子人格的话是千万不能说的。

因为孩子越是受到自己信赖的人的表扬，孩子就会越高兴。而且会为了再次赢得表扬，去重复行为。

但是孩子的这种反应有时也会起到负作用。当孩子想得到家长的关注时，就会故意用那些家长会阻止的行为来引起注意。如果孩子和家长的信赖关系尚未完善的话，孩子的这种"令人头疼"的行为就会逐步升级。

所以在这种情况下，不要去关注孩子的"令人头疼"的行为，而是要去寻找孩子正确的行为，并对这种行为给予表扬。对孩子来说，获得用正确的行为得到家长关注的经验尤为重要。

试试看吧！

孩子的行为

分析和整理

进行方法

前几节介绍的行为分析及应对方法除了能在幼儿园的园内研讨会、与家长面谈时使用外，也可在教师培训会上使用。各幼儿园可以根据自身情况适当进行调整。

以下内容在研讨会等集体讨论以及教师和家长的个人面谈中都可以使用。一般来说由教师负责执行。

① 让家长写出自己孩子令人满意的和令人头疼的行为。

※ 如果家长不能发现孩子优点的话，教师就把孩子在幼儿园中令人满意的表现告诉家长。

② 让家长重新审视自己所列出的"行为"列表，关注"令人头疼的行为"，并把它们区分为必须立刻阻止的和不用太紧张的行为。

※ 如果不知道该怎么分类，有弄不懂的地方，就请教师跟家长一起做。

※ 教师要留意家长所列的令人头疼的行为中，是否有一些是由于家长的固定观念或者与孩子间存在代沟所引起的，如果有的话，要注意和家长沟通并提供协助。

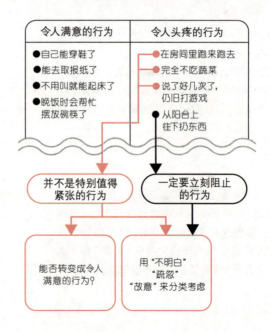

令人满意的行为	令人头疼的行为
●自己能穿鞋了	在房间里跑来跑去
●能去取报纸了	完全不吃蔬菜
●不用叫就能起床了	说了好几次了，仍旧打游戏
●晚饭时会帮忙摆放碗筷了	●从阳台上往下扔东西

并不是特别值得紧张的行为 → 能否转变成令人满意的行为？

一定要立刻阻止的行为 → 用"不明白""疏忽""故意"来分类考虑

③ 对于"不太要紧的令人头疼"的行为, 需要重新审视, 也许换个角度来看, 那些行为就不那么令人头疼甚会变成令人满意的行为呢。家长自己很少这么思考问题, 因此就需要教师为家长提供这样的机会。比如:

● 站在孩子的立场上把孩子令人头疼行为的原因分为"不明白"、"疏忽"、"故意"三种。通过了解孩子的想法, 可以重新认识这些行为, 进而改变对这些行为的看法, 并找到合适的干预方法 (参见27页)。

● 从另外一个角度思考令人头疼的行为, 会发现其中也有值得肯定之处。

● 以在①中列举出的令人满意的行为为基础, 研究讨论应对、表扬及认同的方法。

● 在②的分类后, 不要去关注孩子令人头疼的行为, 而要去研究干预的重点在哪里。

　　这样, 通过以上多种形式, 可以加深对孩子以及干预方法的认识。然后, 参考一下第45~47页的"表扬孩子时的要点"、"应对孩子令人头疼行为的要点"。

　　重新认识和整理孩子的行为, 可以减少孩子的令人头疼的行为, 甚至让不少家长发现"原来我家孩子是这么好的孩子呀"。

Point

● 要根据家长和孩子的状况, 调整进行的方法。

● 要抱有"通过改变观点可以将孩子令人头疼的行为转变为令人满意的行为"的想法分析孩子的行为, 反省干预的方法。

坐立不安的原因是他对许多东西都很感兴趣。

原来如此!

※出自:《读一读就能学会的ADHD亲子训练——轻松教育难于教育的孩子》
作者/(美) 塞斯娅·怀斯 翻译/(日) 上林靖子 中田洋二郎 藤井和子 井涧知美 北道子 (日本 明石书店 出版)

Case 5

对看到的东西反应为"疏忽"

静不下来，总是来回乱跑的男孩E

4岁

家长和孩子的现状

小E静不下心来，总是来回乱跑，家长也总是追着小E跑，大声责骂他。在家，小E总是不断拿出玩具玩却从来不收拾，早上的穿衣梳洗，他也总是漫不经心无法完成。母亲虽然口中说着"孩子还是有点好奇心比较好，以免他长大后不知道要干什么"，脸上却流露出不安，其实小E总静不下心来也让她感到身心疲惫。

应对的重点

母亲正面看待小E的态度是值得肯定的。教师也可以肯定母亲的看法，对小E的行为正面给予肯定的评价。例如告诉母亲"这种考虑问题的方式是很正确的"、"小E对每一个进入自己视线的东西很感兴趣，想去摸一下，只是在考虑该不该摸之前就已经行动了而已"等。但是事实上家长在养育像小E这种静不下心来的孩子时也会感到十分疲惫。为了解决这个问题，教师可以先了解一下小E在家中的哪些行为让母亲感到头疼，然后尽自己所能帮助母亲考虑应对策略，让她的育儿生活能够轻松一点。

比如，早上起床后，小E总是对穿衣梳洗漫不经心，家长也只能用责骂的方式对他进行管教。但是如果这样的话，新的一天就会从责骂孩子开始，家长和孩子入园时的心情都会很不愉快。教师可以告诉母亲，当希望小E去做什么事的时候，尽量把容易使孩子分心的刺激源拿走，让孩子没法分心。比如，当孩子起床后，家长就可以毫不犹豫地把电视机关掉。如果有孩子非常喜欢看的电视节目，不让孩子看，孩子就使劲撒娇磨人的话，那么家长就要给孩子定一个规矩，让他在看完这个节目后，就立即把电视机关掉，赶紧穿衣梳洗。孩子也许会依然哭着不让家长关掉电视，在这种情况下，家长可以利用计时器（具体请参见第58页）让孩子知道还能看多久电视。到时间后，一边对孩子说"电视时间结束了"一边干脆地关掉电视。这样做的话，孩子早上的梳洗整理就会顺利得多。对母亲来说，早晨责骂孩子的次数减少了，自己也会感到轻松。

类似小E这种静不下心、漫不经心、注意力不能集中的情况，用语言来介入可能是比较困难的。这种情况下可以**设法用视觉传递信息**的方式来进行干预。教师建议家长使用在幼儿园里经常用到的**"做事小黑板"让孩子自己去检查要做的事**。"做事小黑板"的制作和使用方法是，在卡片上画上早上梳洗的图案，然后贴在从文具店里买来的小黑板上，当孩子完成了梳洗，就把梳洗的卡片移走。这种方法可以让孩子对自己需要做的事一目了然。另外，也可以在抽屉上贴上所放东西的照片，让孩子明白收纳东西的地方，这样可以方便孩子收拾东西。教师可以把幼儿园中使用的、同样也适用于家庭的方法告诉家长，以供家长参考。

对于怎样让小E自己去整理玩具，可以参考之前小B的例子。先以家长整理为主，在整理时顺手递给小E一两件玩具让小E开始参与，在小E积累了整理玩具的经验后，可以让小E和家长比赛整理玩具，让他体验一下其中的乐趣。

需要注意的是，有些家长会去集中尝试教师提出的所有建议。**一次进行过多形式的干预会增加孩子和大人的负担**。还有许多家长一不小心就会努力过度。这就需要教师去提醒家长在这些建议中选择最适合自己的孩子的、最可行的进行尝试。

Point ································

● 通过减少刺激物，为孩子创造不易分心的环境。
● 选择幼儿园中使用的方法在家实施。

设法创造有利于孩子成长的家庭环境

为孩子提供一个便于孩子理解的生活环境是帮助孩子发展自理能力的关键。教师帮助家长一起思考，把那些在幼儿园中使用的好方法应用到家庭生活中来。

幼儿园里是这么做的……

这个主意不错！

利用幼儿园中使用的方法

当家长希望孩子养成好的生活习惯或者提高自理能力而孩子却无法做到时，家长责骂孩子的次数就会增加。但是，可以像案例5那样通过创造便于孩子理解的环境，让孩子自己去掌握那些本来不擅长的事，孩子做得到的事增加了，有助于孩子认识自我。

幼儿园用心为孩子设计的一些方法是很有用的，而且这些方法中有许多也适用于家庭生活。教师可以和家长沟通孩子不擅长的事情，然后把幼儿园设计的方法告诉家长，再和家长一起思考，在目前的家庭环境中，怎样能把幼儿园中实施的某些方法在家中成动运用。

在家中应用幼儿园所用的一些方法，不仅能让孩子独立完成更多事，还能减少家长责骂孩子的次数，这样家长就轻松多了。受到更多表扬，也会让孩子变得更有自信。

接下来的一页中，将会用具体的实例来介绍如何创造利于孩子成长的环境。请根据具体情况作一些必要的调整。

● 让整理、收拾东西变得容易理解

● 把玩具整理到大箱子里

如果孩子觉得把玩具分门别类进行整理比较困难的话，家长可以准备一个大的箱子，让孩子把玩具全部收纳到一起。

※ 暂时先让孩子用这种方法进行整理，等到孩子养成了整理的习惯后，渐渐地再让孩子将玩具分门别类地整理。随着孩子的成长，家长可以考虑将周围环境作相应的改变。

● 用图画或照片来表示

为了让孩子知道自己的衣服以及经常使用的小件物品存放在哪里，可以在存放处贴上图画或照片。

不要让孩子一次次地问 "oo在哪里？"，要让孩子养成自己取放东西的好习惯。

让孩子能够自己选择并准备好要穿的衣服。让孩子自己整理洗干净的衣服，即使整理得不够整齐，也让孩子亲身去体验。

※ 也有些孩子认识文字比认识图画或者照片来得早。所以，家长要根据孩子的生长发育阶段和认知能力选择合适的方法。

● 培养孩子的自理能力

● 上厕所

在卫生间的墙上，选择孩子容易看见的地方，贴上用图画形式表示的上厕所的步骤。

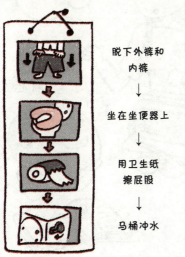

脱下外裤和
内裤
↓
坐在坐便器上
↓
用卫生纸
擦屁股
↓
马桶冲水

※ 除此之外，早上梳洗时的步骤，洗澡时的步骤等都可以根据孩子的需要使用这种方式来表示。

● 让步骤顺序变得容易理解

● 帮助孩子分清鞋子的左右

孩子很容易弄错鞋子的左右脚，家长可以在孩子左右脚的鞋子上各画一半图画，使左右脚合起来能拼成一个完整的图案。

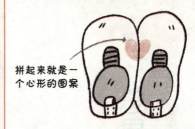

拼起来就是一
个心形的图案

● 帮助孩子分清衣服的前后

家长可以在孩子衣服的背部（脖子处）做上记号，孩子在穿衣服的过程中就不会分不清前后了。

● 让孩子理解饭盒餐布的包扎及打结的方向

可以在包裹饭盒餐布的两个对角上做上相同颜色的标记。这样孩子就可以明白用哪两个对角打结了。

Case 6

"疏忽?"忘记了、不在意

总是把大人的话当耳边风的男孩F

5岁

家长和孩子的现状

小F性格开朗，总是笑眯眯的。

而且他很会讲话，很快就能和别人亲密起来。但是小F很健忘，不管什么都会忘记。比如，经常忘记幼儿园让孩子带给家长的通知，让他把东西放进包中他还是会忘在桌子上。家长提醒他的时候，他也只会说"啊呀，我忘记了"，但是一点也没有反省的意思。

应对的重点

小F因为健康开朗的性格，非常讨人喜欢。所以当他笑眯眯地对家长说"啊呀，我忘记了"的时候，家长很容易地就会原谅他。但是，考虑到小F的将来，**最好能让他学会"有意识地去听别人讲话"和"自己能够有意识地去进行某些行为"。**

单纯地对孩子发怒，说"你在干什么啊！怎么又忘记了呢！"孩子也只会意识到家长又在发火了，并对此感到非常厌烦。长此以往，家长的责骂只会降低孩子的自尊，并不能阻止这种恶性循环。因此，非常重要的是提醒孩子让他自己注意到问题。

比如，小F把让他做的事忘记了，而去做另一件事了，可以叫一下小F的名字，让他自己意识到现在应该去做什么事。

除了用语言给孩子提示外，也可以利用计时器（使用方法参见第58页）。首先，家长可以和孩子一起设定计时器，并告诉孩子"○点，要做○○事"，当计时器响的时候，家长可以通过询问孩子"○点了？"、"这时候应该做什么事啊"等来提醒孩子。这种方式，可以让孩子渐渐地有意识地去进行某种行为。另外，每天必须完成的事，可以事先把它写在纸上贴起来提醒孩子。

像这样**通过一些小策略让孩子自己记起要做的事，有意识地去完成这些事情，孩子就能体会到"自己终于完成了"的成就感并且增强自信心。**这样家长责骂孩子的次数也会随之减少。需要注意的是，在孩子成功地完成了一些事后，家长表扬孩子说"没有忘记真是太棒了"也是很重要的。

有时候孩子"遗忘"的行为也有可能是因为家长说的话并没有传到孩子的心里造成的。很多时候家长自认为自己的命令孩子听懂了，但孩子并没有领会家长的意思。所以当家长想对孩子说话时，要让孩子停止

手头正在做的事,先把注意力集中到家长这然后再开口说话。家长在很远的地方对孩子说话,孩子虽然嘴上答应了"好的,好的",但是其实大人说的话并没有进入孩子的头脑中。

令人颇感意外的是"什么都为孩子做"的家长特别多。他们认为放任不管的话,孩子也不会有所行动,所以自己就在不知不觉中都替孩子做了。其实这样下去,无论到什么时候孩子都不会自己去做的。家长可以在孩子从幼儿园回来的时候,一边问"今天幼儿园发的通知了吗?"一边和孩子一起检查一下书包。从这些孩子能够做到事开始渐渐

地让孩子养成习惯,这样就能够让孩子自发地去做一些事了。

※ 关于计时器的使用

需要注意的是,有些孩子会过于依赖计时器,甚至没有计时器就不知道该怎么做。所以,使用一段时间以后家长应该考虑逐渐脱离使用计时器的方法,同时还要注意培养孩子独自判断"将近○点"的时间感。

比如,当计时器上出现"10点"的时候,显示的是"10点00分",但是一般说"10点出门"时,其实也包含了10点前后的几分钟。很有必要在以后的一段时间让孩子理解类似这样的时间概念。

Point
- 创造条件让孩子自己记起该做的事情,设法让孩子自己去注意到这些事情。
- 培养孩子有意识地去做某件事的习惯。
- 孩子"遗忘"有可能是大人说的话并没有传到孩子的心里造成的,所以要观察孩子再作判断。

安静一点儿吧!

哇——!

解说 +α

自我监控

随着年龄的增长，孩子的自控能力显得越来越重要。我们应该把培养孩子的这种能力纳入在孩子幼儿期就应该考虑的事情中来。

自我监控能力发展缓慢的孩子

有些孩子就像案例6中提到的小F那样，本身并没有恶意，只是因为"一时疏忽"而做出一些不符合现场气氛的言行。对幼小的孩子来说这其实是很自然的行为。随着年龄的增长孩子会慢慢地学会"看场合"，并具备客观地看待自己即自我监控的能力，也能根据不同的场合需要做出得体的言行举止。

比如，当孩子在公共场合大声说话时，突然感到周围人用异样的目光看着他，他就会意识到"在这里是不能大声说话的"，就会修正自己的言行。

但是，也有一些"自我监控能力"发展缓慢的孩子，他们很难察觉到类似"冷眼"等来自外界的非语言性的暗示。这就导致他们经常做出一些不分场合的举动，并因此受到大人的责骂。对于这样的孩子，就非常有必要耐心地指导他们掌握"自我监控"的方法。

在地铁中说话音量是1哦!

想办法让孩子调整说话声音的大小

处在幼儿期的孩子即使在需要保持安静的场合,也免不了会大声说话吵闹、到处乱跑,特别是大声说话这点有时真让人头疼。由于许多孩子不会调整自己说话声音的大小,因此非常有必要教会他们调整说话声音大小的具体方法。

比如,让孩子把说话的音量分成3档:

* 音量0=不出声音,不说话

* 音量1=说悄悄话的声音

* 音量2=在较近的距离谈话时的声音(嗓子发出声音)

利用这样的方式,大人可以先做示范,自己发出不同音量的声音让孩子感受一下。如果孩子不理解数字的含义,也可以用大小不一的圆圈或者深浅不一的颜色来表示声音的大小。总之就是用孩子能够理解的方式来表示。不过,现在的孩子似乎都对电视遥控器的音量表示方式比较熟悉,所以用数字来表示音量似乎更便于孩子理解。

以后,就可以这样来提醒孩子日常生活中说话的音量了:比如乘坐公交车和地铁时说话声要用1,看电影时说话声要为0等等。孩子经常会因为一时疏忽而忘记要控制说话的音量,因此大人最好在要做某事之前就提醒孩子要控制说话的音量。

通过这样的干预措施,就算孩子一时

疏忽忘记控制说话音量，他也会很快意识到"啊，这时候的说话音量应该是0的"。在孩子自我监控能力的发展中，这种"自己意识到"的能力是非常重要的。所以，大人应该配合孩子的成长改变应对孩子的方式。在这样的习惯养成之后，孩子大声说话的时候大人只要说"咦？"或者只是看着孩子，就能让孩子注意到自己的问题。

对孩子说明状况

让孩子学会应用自我监控能力是非常重要的。为此，在应用之前，对孩子说明状况更是必不可少的。

比如，当孩子大声喧哗时，可以对孩子说"你看，你那么大声地说话，大家都吓了一跳"。这样做首先可以让孩子明白现在的状况，让孩子自己考虑适合现在这种场合的言行应该是怎样的。持续对孩子进行这种干预的话，可以让孩子慢慢地掌握"言行举止分场合"的能力，以后在其他场合中他们也能够配合当时的状况去修正自己的言行。

不过，这需要一步一步来，总有一天孩子能够做到。所以不必要求处在幼儿期的孩子就能够做得十全十美。最重要的是，为了使孩子自己能够意识到问题，需要对孩子详细地说明状况。

Case 7

"故意?"
撒娇耍赖

总是通过撒娇耍赖

提出无理要求的男孩G

4岁

家长和孩子的现状

小G只要和母亲一起出去买东西就会到处乱跑，母亲追都追不上。而且他还会在商店里对着母亲大声哭喊"我要买○○，不买就不回家"，母亲经常因为在意周围人的眼光，只好给小G买了他想要的东西，赶紧带着他离开。久而久之小G的这种行为渐渐成为了一种固定模式。但是，当给小G买了一件东西以后，他又开始要另外一件，每次母亲都抱着大哭大闹的小G离开商店。母亲感到周围的人都认为她没有教育好小G，自己也非常苦恼，现在就连带着小G出去都感到很累。

应对的重点

小G因为要求没有得到满足而向家长撒娇耍赖，家长也被闹得什么都做不成，这时首先要做的是去调整小G的心情，转移孩子的注意力。家长可以**告诉小G"现在这件事做完以后就可以做……啦"**，让小G对整件事的安排有心理准备，这样小G的注意力转移了，心情也得到了调整。

我们可以按照以下的具体步骤来考虑应对方法。

① 在外出之前告诉孩子安排

可以在外出之前告诉孩子这次出去是为了到某地方去买某样东西，回家后要做某事，让孩子有一个心理准备。比如可以告诉孩子"我们到超市去是为了买○○和△△，买好了○○和△△就回家，回家以后就可以做……啦"。

② 给孩子安排一定的任务，在完成任务后给他一个正面评价

比如在店里买东西的时候，可以让小G把要买的东西放进购物篮中，如果小G能够完成这项任务，或者能够安安静静地跟随家长买东西的话，家长就可以表扬他说"你真厉害，你都会买东西了"，或者对小G报以微笑。

③ 回家前再次告诉孩子回家后的安排

离开商店的时候，家长可以把回家后要做的事和小G再次进行确认。回家后就按照安排做事。比如可以对小G说"回家后，我们就可以做……啦"。

回家后咱们吃点心吧！

玩美超市

家长偶尔也可以在购物清单里添上小G喜欢吃的零食。要让小G感受到虽然不是每次都能买自己想要的东西但"还是有机会可以买到自己想要的东西",从而让他对外出买东西产生期待。但也要在去商店之前就告诉小G这次会给他买东西。如果小G一耍赖家长就给他买东西的话,小G就会形成**"只要哭闹就能实现愿望"**的行为模式。许多家长都会因为孩子在买东西的时候哭闹耍赖而败下阵来,所以这时**家长坚定态度就显得很重要了。**

在应对孩子的这类行为时绝对不能忘记的一点是告诉孩子"妈妈(爸爸)并不是讨厌你"。家长可以对孩子说"我们都是非常喜欢你的,但是规则你必须得遵守"。**这样让孩子也能理解到家长是把自己的人格和行为分开考虑的。**

这都是因为妈妈您很有耐心

关于第②步给孩子安排任务这一点,当孩子无事可做时就会出现突然撒娇的情况。比方说孩子往购物车里放东西的时候表现得还很好,可是一到了收银台就开始哭闹。这时家长可以给孩子追加新的任务,把钱交给孩子让孩子来付款。

教师可以和家长一起根据这次的策略和孩子的反应来考虑下一次买东西时的应对方法,并在不断的尝试和失败中找出有效的策略。由于控制哭闹孩子的情绪比较花时间,有时家长也会感到非常辛苦,因此教师应该经常鼓励家长,特别是在应对策略有成效的时候,就对家长说:"小G很有长进,这多亏您那么有耐心地教育,您做得真棒!"

Point
- 在外出前告诉孩子安排,让孩子有心理准备。
- 增加孩子因好的行为而得到表场的愉快体验。
- 避免孩子将"只要哭闹就能达成愿望"变成固定模式。
- 区分对待孩子的人格和行为。

8

因为不安，才"故意"做出令人头疼的行为

越是大人忙碌的时候越做出令人头疼行为的女孩H

2岁

家长和孩子的现状

小H是个活泼的孩子，但是当她感到不安、紧张的时候，或者和母亲在一起的时候，麻烦事儿就特别多。

当母亲去幼儿园接小H的时候，她总在外面到处乱跑，而且表现得一点都不想回家，所以母亲总是很生气地追赶着小H让她回家。除此之外，小H即使是在家门口玩，也会把石头、沙粒之类的东西放进嘴巴里，所以哭着的小H常常被母亲强行抱回家。而且小H这么做时，都是边看着母亲边做的。母亲常常感叹说"越是我忙的时候小H越给我添乱，这让我感到焦躁不安，不得不对小H大声斥责"。

应对的重点

类似小H母亲这样的家长会因为觉得自己没有教育好孩子而感到焦虑内疚，也不太愿意找教师商量。所以教师**首先应该确认一下家长的精神状态，如果发现家长情绪特别低落的话，应该先帮助家长摆脱这种状况**。同时也有必要确认一下家长的应对措施里是否存在一些涉及到虐待孩子等不恰当的行为。

在确认了以上几点后，即使教师已经知道了孩子的问题所在也不要急于去告诉家长。可以**先对家长说一些关心体恤的话**，比如"小H因为比较活泼，教育起来确实比较累。您工作也那么忙，没什么空闲。您可别累坏了"。这种形式的对话可以加深教师和家长之间的信赖关系，当教师和家长相互信任之后，家长或许就能够自发地找教师商量育儿上的困扰了。这时候，教师就应该让家长畅所欲言，在了解了家长的困扰之后，再重新思考一下小H的表现。

孩子只在母亲面前出现令人头疼的行为，这会让母亲误认为"因为幼儿园教师处理得当，所以孩子在教师面前表现很好，而

自己处理不当，所以孩子才会出现这种令人头疼的行为。但是，小H总在**"母亲很忙碌的时候"**且**"眼睛看着母亲"**的情况下做出令人头疼的行为，从这点可以看出，小H是想让母亲注意自己。**

所以，教师可以先把"小H由于容易紧张和不安，所以应对时有难度"这一点告诉母亲，然后告诉她教育小H不是家长单方面的问题，并可以安慰母亲说"您已经这么尽力了还是没做好确实很难受"。最后教师可以把自己的见解告诉母亲，即"小H是因为喜欢母亲，想让母亲注意自己，才做出这些举动的。"

现在小H认为只有做出这些行为才能让妈妈注意到她。所以，**这就有必要让小H学会应该用正确的、好的行为让母亲注意自己，而不是那些令人头疼的行为**。为了让小H明白这个道理，教师应该让家长对小H进行正面关注（表扬、拥抱等），哪怕一天只有一次。表扬的内容可以是些很小的事，比如"早上能自己起床"、"自己完成了去幼儿园的准备"等等。如果家长告诉教师找不到孩子值得表扬的地方，教师可以把小H在幼儿园中表现好的地方告诉家长，家长也可

以借机来表扬孩子说"听说你在幼儿园做了……，真努力啊"。孩子体验过母亲的正面关注后，会希望再次得到这样的正面关注，渐渐地自己的行为方式也会朝着好的方面发展。

为了帮助孩子消除不被重视的不安感，家长有必要**有意识地增加与孩子相处的时间**。家长每天都很忙碌，做到这点或许会很困难，但是，一天中哪怕只有10~20分钟也可以。不过，家长不能忙里偷闲边做事边与孩子交流，而是应该停下手头所有的事情和孩子认认真真地说话、玩耍。孩子感觉到家长"只关注到我"的话，这样孩子的心情也会安定下来。一段时间过后，即使家长不留出这段时间陪着孩子，孩子也不会哭闹或者不安了。特别当有弟弟或妹妹出生时，这更会增加孩子的不安，这一点家长应该特别留意。

Point

● 首先，教师要确认家长自身的精神状态。

● 让家长了解孩子做出"令人头疼"的行为是希望家长关注自己。

● 让孩子体验来自家长的正面关注是非常有必要的。

● 创造专门的时间来进行亲子互动。

+α

解说

虐待和发育障碍

关于虐待和发育障碍的关系现在有很多说法。由于许多都没有科学根据，所以招致了很多误解。那么我们该从什么角度来看虐待和发育障碍之间的关系呢？

发展障碍

虐待

两者之间的关联性

虐待和发育障碍这两者之间并没有直接的联系。但是为什么总会讨论这两者之间的关联性呢？主要有以下两个原因：

第一个原因是，受虐待的儿童所表现出来的状态和有发育障碍的儿童的症状很相似。第二个原因是，由于发育障碍儿童的教育相对比较困难，这就容易导致家长对孩子采取不恰当的应对措施。

接下来，关于这两点，让我们进一步来分析一下。

由于状态相似而产生误解

虐待会对孩子产生严重的影响，甚至导致精神障碍。这和受虐待儿童表观出来的状态有着千丝万缕的联系。

这主要是因为，受虐待儿童与家长间的依恋关系得不到良好的发展，从而容易使孩子出现不信任他人、精神发育迟缓等问题，但表现出来的症状却是：多动、具有攻击性、缺乏表情等。由于这些症状和ADHD以及广泛性发育障碍（自闭症等）患儿的主要症状有相

似之处，所以很容易导致误解。

　　虽然症状有相似之处，但是由于产生的原因不同，应对的措施也不一样。为了能正确应对，当发现孩子不对劲的时候，可以参照第17页所介绍的"马斯洛的需求层次"或者参照第104页-105页的"虐待检查表"检查孩子的状态。总之，分清楚症状的原因是非常重要的。

　　如果发现孩子是因为受到虐待而出现这些症状的话，就要让孩子避开危险源（关于受虐的应对方法参见第106-107页），让孩子居住在安全稳定的环境里这些症状还是有希望消除的（当然，由于各人受到伤害的程度不同，也有孩子需要较长时间才能恢复到稳定的状态）。另一方面，发育障碍是由脑部的机能障碍引起的，不能完全治愈，只能针对患儿的特性去配合他的需求。大人针对每个患儿的特性花心思去创造适合他们生活的环境，这样就可以达到减轻患儿生活困难的效果。

由于难于教育而精神疲惫

　　说到发育障碍儿童教育上的困难和虐待之间的关系，只要重新研究一下家长感到教育困难的原因就可以发现，存在发育障碍的儿童所表现出的症状与被虐待儿童有很多相似之处。

比如，ADHD的主要症状有多动、注意力不集中、易冲动，因此容易遭到周围人的指责；而广泛性发育障碍儿童一般都有社会性和沟通能力的障碍，从而导致他们与父母很难形成亲密的关系。由于他们容易和其他孩子发生冲突，他们的家长也会经常受到别人的指责。与这样的"难于教育"的孩子每天生活在一起，家长的精神疲劳也会越来越严重，甚至发展成严厉斥责孩子或者无视孩子的存在，还有可能出现运用诸如虐待等不恰当手段来教育孩子的现象。

从这种情况来看，教师给为发育障碍儿童提供教育协助的同时，对家长自身的呵护与支援也是必不可少的。

※出自:《希望你们理解! 令人头疼的孩子》
（日本 学习研究社 出版）

● ADHD（注意力缺陷多动障碍）的主要 症状和表现

● 多动
不能安静下来／话太多／喜欢走来走去／喜欢爬到高处等。

● 注意力不集中
喜欢看着天空发呆／只要有其他刺激物，注意力马上就会分散／健忘／总丢东西等。

● 易冲动
在提问没结束之前就抢答／没有耐心等待，结果妨碍了别人的工作等。

● 自闭症的主要症状和表现

● 社会性障碍
缺乏对他人的关心／不与他人进行眼神交流／缺乏表情／难以理解别人的感受／不喜欢与人相处等。

● 沟通障碍
婴儿期时说话和用手指物的能力发展迟缓／语言发展障碍／鹦鹉式的学舌很多／听到呼唤但不会回头／不能理解别人的表情，不能理解现场状况／不能理解玩笑和比喻，只能理解语言的表面含义等。

● 想象力缺失以及连带的相关行为
手甩来甩去／摇晃身体／转来转去／喜欢闻东西的味道／喜欢到处乱摸／迷恋特定的物品／对生活规律和习惯的变更十分抵触／不善于玩模仿游戏和猜谜／喜欢排列物品等。

第 **3** 章

为家长自身提供支援

如果家长承受着精神压力，

那么教师首先应该帮助家长缓解压力。

在为家长提供支援时，

教师可以根据家长的类型来判断

哪些是家长自己做得到的，哪些是他们做不到的。

解说 ● Keiko Takayama

家长发生转变，孩子也会转变

当我和幼儿园教师谈到"为家长提供支援"时，就会有老师说："作为一个幼儿园教师我们天天跟孩子打交道已经很累了，哪有工夫考虑为家长提供支援的事儿啊。"确实，现在幼儿园教师要处理的事务越来越多：要协助家长养育孩子，要和托儿所、小学及地方团体协作，还要处理虐待等问题。对于幼儿园教师来说，应对那些难以应付的孩子本身就是一件很难的事了，再让他们去支援孩子的家长，他们认为肩上的担子重也是理所当然的。

但是，各位老师们，你们有没有觉得当家长发生转变时，孩子也跟着转变了呢？实际上，有不少教师都认为如果对孩子和家长同时给予支援的话，效果会更显著。我也听到不少教师反映说"当亲子间关系变好时，孩子的状态也真的会随之变好"。但是如果家长自身不在状态的话，无论教师多么想和家长沟通孩子的问题，家长似乎都无法很好地接受。所以，我希望教师们能够亲自体验几次"给家长提供了支援，孩子就能以良好的状态到幼儿园来"的经历，进而充分理解二者之间的因果关系。

那么，在给家长自身提供支援时需要注意些什么呢？摆在第一位的就是帮助家长减轻压力。

现在的家长，特别是母亲都承受着各种各样的压力，这令她们非常苦恼。如果要问在育儿时母亲会承受什么样的压力，那么右图所列出的孩子的事情、母亲与家族成员关系的问题，以及母亲自身的一些情况等各种各样的事情都会给她们带来压力。当然，一个人面临的压力并不止一项，有很多母亲都会同时面临许多压力，简直能列出一张很长的单子了。

● 母亲在育儿期间的压力

以下内容仅是育儿期间母亲们所面临压力的一小部分。

没有时间

婆媳间的关系

教育孩子、做家务丈夫都不管

孩子不听话

对抚养孩子感到不安

得不到他人认同

对育儿没有信心

事情进展得不如意

感到自己被忽略

为家庭经济状况感到担心

没有干劲

不能同时兼顾家庭和工作

压力源和压力反应

压力的原本意思是指由于某种压力源而导致的身心超负荷状态。

第73页所列举的"给人带来压力的东西"就是"压力源"。压力源大致可以分为3类：

① **自身原因**

② **人际关系**

③ **其他原因（天灾、事故等突发事件）**

很多家长在抚养孩子过程中都有来自①和②这两个方面的压力。

由于压力源而导致的一些症状称为压力反应。压力源和压力反应的关系就像过敏源和过敏反应的关系一样，是由于某种原因（压力源）而产生负担（压力），从向导致身心出现各种各样的反应。

能否感受得到压力是因人而异的。因为考虑到各人的身心状态以及所处的周围环境的不同，即使同一件事，对有些人来说会产生非常大的压力，对另一些人则不会。

压力虽然会导致身心出现异常，但如果这些压力转化成适度刺激，也能激发人的干劲，把人推向好的方向。

家长承受的压力中有很大一部分来自于抚养孩子。这些小的压力日积月累，是很难被发现的，甚至有许多时候连家长自己也察觉不到。这也是由于抚养孩子而产生的压力特征之一。但是在没有察觉到自己承受着压力的情况下勉强去努力是非常危险的。近几年，能向身边的人敞开心扉诉说心里话的家长变得越来越少了，这就会引起压力没有地方宣泄的问题。

所以，这时候幼儿园教师的作用就显得很重要了。这就要求教师能够从家长日常的"非语言信息"中去观察家长是否承受着压力，并采取适当的应对方法。

● 压力源和压力反应机制

● 压力反应   ● 压力源

身体反应

头痛、腹痛、心跳加速、头晕、失眠、起床困难、没有食欲、吃太多、饮酒过多、尿频、肩酸、疲惫、冒冷汗、呼吸困难等

①自身原因

完美主义、做事认真、习惯负面思考、不容易感到满足、有健康方面的问题等

②人际关系

与孩子、配偶、父母、公婆、幼儿园以及学校教师的关系，邻里关系，同幼儿园或学校里其他家长的关系等

③其他原因

车祸、地震、火灾等突发性的事故，裁员等

心理反应

急躁、紧张、焦虑、不安、没有干劲、思想不能集中、经常发呆、情绪低落、想哭，不想和人说话、觉得无依无靠等

压力管理

在明白了什么是压力、什么是压力源之后，接下来我们看看应该如何应对压力。要完全消除压力是不可能的。重要的是学会怎样和压力"相处"。我们把为了控制压力而采取的应对措施称作"压力管理"。

压力管理的方法可以大致分为两种。第一种是"身心放松"法。这种方法就如同字面上的意思那样让身心得到放松。其具体方法因人而异，根据个人的性格、现状来选择适合自己的方法是很重要的。比方说，性格内向的人并不是很善于和别人打交道，如果勉强让性格内向的人通过和朋友一边吃饭一边聊天的方式来放松的话，反而会增加他的压力。所以，要在了解自己性格的基础上，找到最适合自己的放松方法。

另外一个应对方法是"增强抗压能力"。即，通过改变看法、想法来减压。

形成压力的原因是因为心中对某事怀有"厌恶"的负面想法，但是如果能够把这种想法转变成"其实并没有那么讨厌"或者更加正面积极的想法的话，就不会形成压力了。这种想法的变化也是需要一些契机的，我们将在第81页以后讲到具体压力的应对方法时进行详细的解说。

另外，在各式各样的压力释放方法之中，饮酒、暴饮暴食、购物、将情绪发泄在其他人或事物上等都是应该尽量慎用的。如果过度使用这些减压方法，就会威胁到生命安全。特别是家长这样做的话，就会让人担心他们是否会把发泄不出去的压力发泄到孩子身上。

所以为了不让事态陷入这种地步，最好尽早发现压力的存在，并用健康的方式去释放压力。

● 压力管理的方法

1. 身心放松

不论怎样做，首先要找到适合自己的减压方式。如果减压方式不适合自己的话，反而会产生更多的压力。

● 深呼吸

可以缓解身体的紧张，降低血压，让身心得到放松。

● 适度的运动

进行一些能让自己心情舒畅的运动。

※有些人喜欢气喘吁吁的剧烈运动，有些人喜欢强度适中的有氧运动。

● 亲近大自然

森林浴、海边散步，即使坐在公园的长凳或窗边向远处眺望、欣赏景色也不错。

● 和关系亲密的人一起聊天、吃饭

● 一个人喝喝茶，听听喜欢的音乐等

2. 增强抗压能力

● 通过想象进行自我放松

在轻松的环境中，闭上双眼，想象自己在放松。

● 找到修复自己情绪的办法

在感到不安的时候，马上停止负面的思考。想象一个可以使自己感到安心的场所，或者活动身体等，总之要找到修复自己情绪的办法。

● 设法得到他人的帮助

不要一个人蛮干，要学会去获得他人帮助。

● 了解通过改变想法来减压的方法

看到消极的一面，非常不情愿地去做某事（义务性的）	事实	看到积极的一面，自己决定做某事（自发做某事）
压力	行为	虽然累、但是心情舒畅，有成就感

相同的行为，对某些人会造成压力，对另一些人却不会，都是因为对事物的看法不同所致。

看到消极的一面   看到积极的一面

这个孩子没出息   真是一个乖孩子

抚养孩子真累啊   抚养孩子真快乐

抚养孩子时的一切情况都有可能带来压力   虽然累，但心情舒畅，有成就感

实 践

相互交换想法，一起思考对策

为了让家长自己能够进行压力管理，教师应该怎样去指导呢？让我们思考一下具体的应对方法吧。

察觉

教师能察觉到家长有压力并及时提醒家长。

倾听家长的烦恼

"倾听"和"同感"是关键，仔细倾听家长的心声。

重视语言之外的信息

如前文所叙述，在抚养孩子的过程中，有很多时候家长自己是很难察觉到压力的。因此，在家长身边的教师最好能捕捉家长所表现出来的各种迹象，设法让家长察觉到自己处于"有压力的状态"，这点是很重要的。教师可以不经意地和家长打招呼，譬如对家长说"您好像有点累呀，最近是不是工作很忙啊"等，寻找一些让家长打开话匣子的突破口，并根据每个家长的具体状况，创造一些让家长敞开心扉的契机。

不过，也有些家长是不会轻易向教师吐露心声的。这就需要教师在日常交往中多下功夫：经常对家长微笑、打招呼，为家长创造一个随时都愿意说出自己心里话的良好氛围是很重要的。

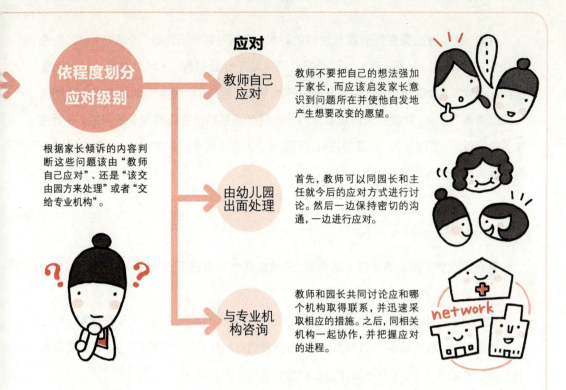

应对

依程度划分
应对级别

根据家长倾诉的内容判断这些问题该由"教师自己应对"、还是"该交由园方来处理"或者"交给专业机构"。

教师自己应对

教师不要把自己的想法强加于家长，而应该启发家长意识到问题所在并使他自发地产生想要改变的愿望。

由幼儿园出面处理

首先，教师可以同园长和主任就今后的应对方式进行讨论。然后一边保持密切的沟通，一边进行应对。

与专业机构咨询

教师和园长共同讨论应和哪个机构取得联系，并迅速采取相应的措施。之后，同相关机构一起协作，并把握应对的进程。

network

在创造了和家长谈心的机会后，教师就要用心去倾听家长讲话。在倾听家长讲话时，请千万注意，不要否定家长的话，要抱着"倾听、同感"的态度去听。首先，很重要的一步是让家长把感到不安和不满的地方用语言表达出来。因为诉说可以让有些人得到放松。

仔细倾听，寻找产生压力的根本原因

在第73页所列举出的家长的压力源中有不少和家长自身的成长经历中那些没有显现出来的隐性因素（受到自己母亲的价值观的影响）有关。另外，发展障碍儿童的家长会对抚养孩子感到不安，他们会有自卑感，认为自己孩子的行为妨碍到了周围人，甚至会怀疑自己是否有能力教育孩子。对于这些家长，教师不要急于下结论，应该多花些时间慢慢地去倾听家长的话，并从家长说的话中寻找压力产生的根本原因。

再者，教师有必要在倾听家长讲话的时候，根据内容作出判断，考虑一下自己是否能独立够解决这些问题。因为有些情况必须求助于专业机构，这时候教师应该与专业机构取得联系。最近也出现了由幼儿园以外的专家所组成的、为各个幼儿园提供协助的"巡回咨询"组织。对教师来说最基本的一点就是不要独自去应对家长的问题。在听完家长的倾诉后，要向园长、主任等报告，不要一个人去决定今后的应对方法，最好跟园长等其他人商量后再作决定。

寻找适合自己的应对方法

当教师找到了家长产生压力的原因，家长自身也觉察到了的时候，教师就可以与家长一起思考对策了。

选择对策时最重要的是让家长自己去寻找适合自己的减压方法。家长在理解了产生压力的原因并且找到缓解压力的方法后，自然会明白怎样和压力"相处"了。这里需要教师务必注意的一点是，千万不要把自己的想法强加于家长。

接下来，我们将对压力进行分类，并考虑怎样对家长提供基本的压力管理的援助。

有些家长不论什么事都认为是自己造成的，总是自我责备，然后就陷入情绪低落的困境之中。有许多做事认真的人都喜欢拿自己同别人作比较。

不论什么事都自我责备，导致情绪低落

对孩子的评价就是对自己的评价

举行幼儿园演出、运动会等集体活动的时候，是这类家长感到最痛苦的时刻，因为他们会强烈地感到"唯独自己的孩子表现得不好"。这是因为，此种类型的家长将孩子同自己视为同一个个体了，其中母子（母女）一体化的情况是最多的。当孩子遭遇失败或逆境的时候，母亲自己也会感到羞耻，并且情绪低落。她们不仅会责备自己说"其他的母亲都能够做得很好，就我做得不好，都是因为我"，而且还会责骂孩子。

特别是当举行某些活动时，需要孩子的祖父母及父亲也同时出席，这会给母亲带来更多的压力。因为当孩子表现不好时，有的祖父母及父亲会认为孩子表现得不好并不是孩子的原因，肯定是母亲没有好好教育的缘故，因而去责备母亲。而且有些教师也会对母亲说"您要再加把劲儿啊"、"您在家里也要好好教育孩子啊"之类的话，其实这些话都会伤害到母亲的感情。

啊~　别跑!

都怪我的教育方式不好……

要抓住言语之外的信息

产生这种问题的一个很大的原因是家长自身的性格。做事认真、追求完美、性格内向的人特别容易责备自己。由于家长不会告诉教师"我责备了自己",所以这就更需要教师能够自己去观察了。捕捉家长表现出的表情黯淡、没有精神、不回复对话等"言语之外"的信息。另外,教师分明在同家长谈论关于孩子的话题,家长却突然说"我必须得努力了"或者"虽然我想这样做但是能力不够啊"等,当家长表现出很多消极的反应时,教师就有必要注意家长是否患有"抑郁症"了。

因为即使对患有抑郁症的家长说"要让孩子好好吃早饭"等很中性的话,家长也会认为"连这样的事我都做不到,我真没用啊",并会出现进一步逼迫自己的情况。即使教师并没有责备家长,家长也会觉得自己受到了责备,这是教师应该注意的。

关注好的地方

教师在寻找应对措施的时候首先应从抓住能够仔细倾听家长说话的机会开始。当

家长说到自己的烦恼时,教师可以安慰"那确实很不容易啊"。有些家长只关注自己做得不好的一面,却看不到自己好的一面。这时候就需要教师把自己所看到的家长"正在努力的方面"具体列举出来,并告诉家长"现在的你已经做得很不错了,这已经足够了"。

如果可能的话,教师可以具体把"家长所做的某件事情让孩子的情况得到了改善"告诉家长。例如,教师可以告诉母亲"您表扬了孩子的画,还为他把画装饰在家里,这件事让孩子在幼儿园里显得很高兴,而且又画了很多画"。

用孩子之外的事情来提高自尊

当亲子之间的一体感很强的时候，孩子在受到别人的表扬后，家长自身的自尊也会得到提高。如果家长在活动中看到自己孩子表现得比其他孩子差时，教师可以把孩子在活动中表现好的一面，以及孩子在这段时间所取得的进步告诉家长。

类似这样的亲子间的一体化也使许多亲子之间的自尊产生了联动关系。所以，希望家长能够尽早找到孩子之外的一些活动来提高自己的自尊，譬如志愿者活动或者其他兴趣

爱好等。对孩子仍处在幼儿期的家长来说这也许会比较困难，但是，除了作为"○○的妈妈"之外，也能够获得认同、找到值得做的事情的话，对将来也是非常重要的。

除此之外，发育障碍儿童的家长由于经常会被周围的人误解为没有好好教育孩子，因此总是不断地自责。所以，教师要让这些家长了解自己孩子的特殊性，并让他们明白这一切并不是家长没有教育好孩子造成的。如果家长们能明白这层道理的话，那么育儿活动就会变得轻松得多。

今天做了志愿者，为孩子们读了绘本

精神焕发

Point

● 要理解有些家长会把孩子的失败看作是自己的失败。

● 要察觉到家长在"语言之外"所传达的信息。

● 不要让家长因为做不到"理所当然"的事情而自责，教师要告诉家长孩子好的一面。

Type 2

不把情绪表现出来，沉默寡言

性格内向，不把情绪表现出来，独自承担压力。即使希望得到他人的帮助也不会去拜托别人。

即使希望得到帮助也说不出来口

由于得不到父亲的协助，做家务、教育孩子的任务都落到了母亲的肩上。有不少母亲因为孩子的事而感到烦恼却没有人可以商量。确实，出现这种状况有父亲或其他亲戚不肯协助的原因，但是，也有很大一部分原因似乎同母亲自身不太喜欢求人帮忙的性格有关。有时或许母亲希望有人帮忙，但是不能很好地将这种愿望传达给别人。特别是当要拜托婆婆帮忙的时候，母亲往往感到很难开口。有时好不容易鼓起勇气开口去拜托婆婆，却遭到了婆婆的责备："怎么连这种事情都做不到。"有了一次这样的经历母亲就再也不想去拜托第二次了，只好独自默默承担。

"I message"

对于不知道怎么表达自己的要求才能得到别人帮助的家长，可以建议他们使用美国心理学家托马斯·高登所倡导的"I message"的表达方式。

"I message"的基本表达方式是"我……（出现某种状态及其理由），所以……（现在的心情）"。这就是把第20页介绍的"同感公式"的主语换成"我"。如果用这种形式来表达请求，或者表达感谢的话，一般来说对方都会欣然接受，而且这还能够起到润滑人际关系的作用。

比如，有不少母亲常常一个人独自承担家务和教育孩子的责任，即使她们遇到困难，也很少会有人注意到。如果母亲用"I message"公式向他人请求帮助的话，情况就会得到改善。首先可以把自己现在的心情用语言告诉对方，譬如用"我现在处于这种状态，感到非常为难"这种表达方式把自己面临的问题具体、真诚地传达给他人，然后再说"如果能得到您的帮助的话，我会很高兴"。

另外，如果不善于说话，不能自信地把自己的想法告诉对方的话，就可以先从感谢

对方开始。为了让对方明白具体要感谢他什么，也可以用"I message"的表达方式来告诉他。比如，当对方帮助自己照看孩子的时候，可以跟对方说，"多亏您帮我照看小孩，我才把……做完了，您真是帮了我大忙了"。此外还可以把孩子的反应告诉对方，比如"孩子这几天过得非常愉快，他说他特别喜欢来您家"等等，这会让对方很高兴进而产生下次也愿意帮忙的想法。

"谢谢"、"给您添麻烦了"也是"I message"的一种。家长不用想着要使用多么

华丽的语言来表达这些话, 只要从"非常感谢您为我……", "您帮我……, 真是给您添麻烦了"开始, 经常使用这些话语逐渐就可以很好地表达自己了。家长礼貌地把自己的心情告诉对方, 在和对方反复交流的过程中对话内容也会增加, 当和对方建立了良好的关系后, 相互间的交流也会变得容易得多。

创造一个不用勉强发言的氛围

性格内向的家长在幼儿园的家长会上等需要互相交流的场合就会感到紧张和不适。所以教师要注意, 在家长参加幼儿园集会的时候, 不要给家长施加非发言不可的压力。一开始的时候, 教师就可以告诉全体家长"不想发表意见的话, 不发言也没关系, 能够来参加本身就是很有意义的"。不要分别告诉每一位家长, 而是要在全体家长面前说这番话, 这样就可以创造"在这里即使不发言也没关系"的轻松氛围。要是家长觉得"就算我用不着硬着头皮发言, ○○老师也能明白我的意思", 就表明教师和家长之间已经建立起了信赖关系。

Point············

● 让家长知道"I message"的表达方式: 我……(出现某种状态及其理由), 所以……(现在的心情)。

● 告诉家长不用硬着头皮发言也没关系。

※出自: 《语言改变, 世界跟着改变》作者/(日)岸英光 高山惠子 浜岛美树(日本 爱迪生俱乐部)

让我们来聊天吧！
～轻松聊天室～

进行方法

把各种性格的家长聚集一堂召开家长会，并创造轻松的谈话氛围是件很不容易的事。在这里介绍一个有利于进行互相交流的游戏。

本游戏的意义

家长通过和其他家长聊天可以获取有用信息、消除烦恼、放松心情。在这层意义上，幼儿园的家长会也是一个很好的交流机会。但是也有许多家长不擅长在众人面前讲话，容易感到紧张不安。因此，即使召开家长会，创造畅所欲言的谈话氛围也不是一件容易的事。特别是"沉默是金"的价值观仍旧根深蒂固，许多人都不善于将自己的心里话告诉别人。

因此，给各位老师介绍一个在家长会等需要互相交流的场合中让参与者心情放松、方便畅谈的游戏。这个游戏不仅可以在家长会上使用，幼儿园以外的教师研修会等场合也能使用，还可以达到加深教师间互相交流的效果。

进行方法

翻开疑问卡，一个人回答疑问卡上的问题。然后大家轮流翻阅疑问卡，回答问题。

Point

● 接下来的一页我们将介绍此游戏三种不同的进行方式，游戏规则稍微有些变化。可以根据游戏参与者的性格和相互之间的亲密程度来选择合适的规则。相互间不够熟悉的参与者可以试着从第一种方式开始。

关于我最近读过的一本书……

把问题卡的正面朝下，重叠放置

试试看吧！

方式 **1**

"以心传心"体验安心感

○ 规则

● 发言人对不想回答的问题，可以说"放弃"，没有必要勉强回答。

● 发言人以外的人（听众）不要对回答进行评论，只要倾听就可以了。可以用点头等非语言性的动作交流，但不能使用语言。

　　也许大家会疑惑为什么不能开口说话。因为交流的基本要素不是说话而是倾听，但也不是漫无目的地去听，而要抱着用心倾听的态度去听。这样做的话虽然听众不说话，但是发言人也能感受到自己的发言被大家接受了。

有闲暇时间的话我会去电影院看电影。

方式 **2**

体会不同的价值观、意见和感情

○ 规则

● 在一位发言人回答了问题后，其他人也回答此问题。

● 不想回答的时候，参加者可以用自己的方式告诉大家自己不想回答。

● 听众不要对发言内容进行评价和讨论。但可以附和及确认发言者所讲的内容。即使发言内容和自己的想法、价值观不同也请如实接受。

　　听众通过自由会话，可以找到相互之间的不同点和共同点，有利于客观地看待自己。并与其他家长取得相互理解。

孩子在外面吵闹的时候我觉得很难为情。

是啊，孩子在店里吵闹的时候……

方式 3 了解自己的交流模式

○ **规则**

● 在发言人回答了问题之后，大家就发言内容进行自由交流。

● 对于不想回答的内容可以直接拒绝回答，交流方式和日常会话相同。

　在进行自由交流的过程中，大家可以观察自己的交流模式，了解自己什么时候能够自然地进行交流。

※对话模式的范例："嗯——嗯——"等附和性的语言很多或总是立刻打断别人说话等

是啊是啊!

对啊对啊!

　"轻松聊天室"的提问卡有100张，可以很自然地将讨论话题转移到养育孩子的话题上去。在游戏结束后，通过相互交流做游戏的感想可以找到更好地和家人及朋友交流的方法。

● 提问卡内容的一部分

1. 你喜欢在闲暇的时候干什么?
2. 如果你中奖了，会怎样使用奖金?
3. 最近你看的电影、电视或者书中有令你感动的东西吗?
4. 你喜欢什么花? 理由是什么?
5. 你是先吃喜欢的东西，还是留到最后才吃?
6. 工作和家务你喜欢哪样?
7. 在家庭中你感到最快乐的时候是什么时候?
8. 结婚前梦想的家庭生活是怎样的?
9. 结婚前和现在最大的改变是什么?

10. 你小的时候，父母说的什么话使你感到高兴?
11. 孩子姓名的由来?
12. 抚养孩子的过程中什么时候你会感到高兴?
13. 在括号里填入词语"我在( )时，感到很幸福"。
14. 有因为孩子所做的某些事而感到羞愧吗?
15. 什么时候会感到生孩子是件很幸福的事?
16. 你觉得什么事是一定要教给孩子的?

※提问内容可以由参加的成员一起进行选择，也可以编写新的问题，请自由地进行调整。在挑选新的问题时，最好选择可以让气氛融洽的、没有意见分歧的内容。

Type 3

总是迟到、经常请假、不愿和人搭话

经常出现这样的状况：表情阴沉、躲避和他人对话、早上起不来、容易迟到；一旦状态不好，连接送孩子也办不到，甚至连续数日孩子不来幼儿园也不和幼儿园联络。

不责骂，不鼓励

如果有家长出现类似这种情况的话，教师就要将其视作"抑郁症"来应对了。

研究认为，抑郁症最主要的原因是压力。前面也提到过，育儿时的压力是由那些看似微不足道的压力累积而成的，而且很难被察觉。做事认真，有完美主义倾向的人更容易患上抑郁症。有许多抑郁症的案例都是因为本人没有觉察到压力的存在，勉强撑着发展而成的。另外，患上抑郁症的家长会出现忽视孩子的情况。所以，早期发现压力所在，并采取恰当的应对措施是非常重要的，而且这也有利于预防抑郁症。

首先，如果家长还处在能够和教师谈话的状态的话，可以按照在类型1和类型2中所提到的方法，教师让家长本人意识到压力的存在，然后用压力管理的方法和家长一起思考应对措施，这也是最基本的应对方法。

哇——

……家上和

(迅速离开)

如果教师感觉到家长有抑郁症的倾向了，切记不要对家长说"加油"等鼓励性的话语。因为"就算想做也做不到"正是抑郁症的特点。由于抑郁症患者会出现早晨难以起床的现象，所以即使教师对孩子上幼儿园迟到，没有打招呼就休息等情况感到不满，也不要给予家长任何指责或鼓励。因为抑郁症患者在受到鼓励后，会责备"自己没用"，这样就更容易让他们变得情绪低落了。

属说清楚就可以了。说明情况时，先不要使用"抑郁症"这个词，可以找机会切入到此话题中，譬如，可以从询问家庭成员"最近，母亲看上去似乎比较疲劳，你们有没有觉得有什么不对劲"来切入。如果家属回答"是呀，实际上在家也……"，那么教师就可以仔细地向家属说明患者的状况了，然后可以建议家属首先联络医院以外的相关专门机构。

可以考虑与专家取得联系

　　如果教师在认真地倾听家长说的话，对家长表示同感，并告诉了家长通过改变思考角度来应对压力的方法后，家长仍然情绪低落、不怎么说话的话，就需要更专业的应对方法了，应尽早考虑与专业机构联系。托儿所或者幼儿园可以不必立即与医院联络，但可以和当地相关保健机构（保健中心）或者育儿支援中心取得联系并共同商讨对策。

　　幼儿园在联络专业机构后，有必要对患者的配偶及父母等家庭成员进行一个比较详细的情况说明。如果患者本人无法一起参与进来也没有关系，教师只要把情况跟家

许多人都不愿意承认家里有抑郁症患者，因此即使教师觉得有必要对患者进行专业的治疗，也有不少家属会觉得"家中有抑郁症患者会感到很难为情"，不但拒绝去医院治疗，反而指责这只是母亲"偷懒"的表现。如果幼儿园无法应对患者家属的话，教师可以考虑和保健中心联系，让第三方直接同家属进行对话。在保健中心也有可以直接向医师进行咨询的窗口。

不要让孩子觉得这是他的过错

最后，在应对孩子方面希望教师能够多花些心思。当患有抑郁症的母亲无法教育孩子时，孩子会误认为这是"母亲讨厌自己"而不断自责。作为教师有必要使用一些易于孩子理解的表达方式告诉孩子"你妈妈不能照顾你不是你的错，她也不是讨厌你，她现在只是没有精神，想照顾你也没有力气"等。

Point

● 把家长患上"抑郁症"的状况纳入考虑范围。

● 如果发现家长有异常状况，就要找其家属共同商量，并先联络医院以外的相关专业机构。

● 认真地、正面地告诉孩子"妈妈不是讨厌你，这不是你的错"。

什么是抑郁症

抑郁症，只要及早发现，采取恰当的治疗和应对措施，病情是可以好转的。但是也要注意不能采取错误的应对方法，否则将使病情变得更严重。

绝不是罕见的疾病

根据WHO（世界卫生组织）的调查，抑郁症的发病率为人口的3%-5%。从这个数字来看，抑郁症并不是什么罕见的疾病，谁都有可能得这种病，所以也经常被称为"心灵感冒"。

虽然抑郁症用不着特地治疗也有可能自然康复，但是一旦病情恶化也会变得一发不可收拾，这一点和感冒也很相似。虽然不一定能治愈，但是不进行恰当的治疗，症状就会加重，病期也可能会延长。如果病情恶化的话，患者就会感到生存失去了意义，进而产生自杀的念头。因此，尽早进行合适的治疗是非常重要的。

女性更容易患抑郁症的原因

研究发现，抑郁症与环境、遗传、性格、异常的脑部活动等各种因素都有密切的联系，这些因素复杂地交积在一起，影响着症状的表现。抑郁症发病的最大诱因就是压力。就像前文中提到的，许多母亲都承受着巨大的育儿压力。因此，幼儿园有必要留意家长的心理状态。

另外，研究发现，女性比男性更容易患抑郁症，这与荷尔蒙的分泌情况有很大的关系。由于女性的荷尔蒙和神经组织有着千丝万缕的联系，所以当荷尔蒙分泌不调时，对压力的抵抗能力也会下降，就容易患上抑郁症。而女性在怀孕、分娩、更年期时荷尔蒙会发生巨大的变化，另外荷尔蒙也会因为月经每月都产生变化。从这个原因来看，女性更容易患上抑郁症。

怎样去注意才好呢？

抑郁症最开始的症状是轻微的情绪低落、身体状况不好，然后就会不断恶化。虽然有不少是能自然康复的，但复发性强也是它的特点之一。

由于心情抑郁是日常生活中比较常见的一种状态，所以轻微的抑郁症就容易被大家忽视。另外，从做事认真、责任感强等性格的人容易患上抑郁症这点来看，即使身体状态出现了问题，他们也不愿意告诉别人。实际上，许多患者本人都不认为自己得了抑郁症，所以一个很重要的发现症状的方法就是通过周围的人去留意和观察。

下页列出了一张"抑郁症检查表"。列这张表并不是为了诊断抑郁症，也不是为了给患者贴上标签，而是用它来做自我检查，也可以用来检查你觉得有抑郁症倾向的人。另外，康复者也可以用此表来进行自我管理，防止抑郁症的复发。

● 抑郁症检查表

这份表格是专为正在进行育儿的家长 (特别是母亲) 所设计的。
如果有持续两周以上出现以下症状，并且出现生活上的障碍，就请咨询保健中心的专家。

- ☐ 体重变化剧烈
- ☐ 最近虽然感到很累但睡不着；或者不管睡多久都感到困倦；有嗜睡倾向
- ☐ 疲倦、头痛、恶心、肠胃不好
- ☐ 感到自己不如以前那样表情丰富了
- ☐ 感到情绪的起伏比以前更剧烈了
- ☐ 总感到心情很难过，说话说着说着就开始流眼泪
- ☐ 如果事情进行得不顺利，就会认为是自己的过错
- ☐ 感到自己被周围的人否定了
- ☐ 总是消极地思考问题，总是莫名地担心
- ☐ 觉得自己无论家务还是抚养孩子都做不好，是个没用的家长
- ☐ 感到坐立不安、非常焦虑
- ☐ 记不住别人对自己讲的话
- ☐ 不论什么事都下决心去做，但就是没有行动
- ☐ 早上起不来，感到送孩子去幼儿园很困难 (孩子很健康但是缺席次数很多)
- ☐ 和其他家长很少说话
- ☐ 渐渐不去参加家长活动和社区活动了
- ☐ 不怎么出去买东西了
- ☐ 懒得照顾孩子、做家务
- ☐ 以前的兴趣爱好和经常做的体育活动都渐渐不参加了
- ☐ 不在乎穿着打扮了
- ☐ 经常责骂孩子，夫妻间也经常吵架
- ☐ 很悲观绝望地看待孩子的将来

各种各样的症状

抑郁症的症状多种多样。下面的方框中列举了几种主要的症状。不同的患者各自感受到的症状会有所不同，即使是同一个人，在不同时期所表现出来的症状也会发生变化。

症状出现的特征是，早上症状最为严重，到了傍晚患者又会感到好转很多。像这种"症状在一天内呈现变化"的情况也是很常见的。另外，抑郁症的症状还很容易受到天气的影响：雨天、阴天这种阴沉的天气会使症状反应变得比较强烈。另外，从秋天到冬天的过渡期也是症状表现强烈的时期，这种情况被称为"冬季抑郁症"。需要注意的是，产后或者搬家后也是抑郁症容易发病的时期。

● 抑郁症的主要症状

● 情绪低落

抑郁症的症状会根据患者情况有所不同，最主要的症状是抑郁、悲伤、寂寞、空虚、难受等。

也有人会出现丧失兴趣和快乐感，感到过去一直感兴趣的东西或者从事的体育活动也变得很无聊。更有人会出现烦躁、易怒或焦虑不安等症状。

● 乏力，行动力低下

精力、欲望减退，性欲低下。无论做什么都嫌麻烦，不想工作，不想做家务，也不想照顾孩子。不在乎自己的穿着打扮。说话语速迟缓，回答别人的话时也花很多时间。

● 判断力低下，精神不能集中

无法思考，判断力低下。不能集中精神工作，做同样的事花更多时间且失误多。

● 身体症状

腹痛、排便异常、恶心、肩膀僵硬、腰痛、关节痛、头痛、手脚发麻发冷、心悸、气喘、胸痛、耳鸣、头晕、口干、无味觉、乏力、疲劳、月经不调、食欲不振等。

这种在患抑郁症之前出现很多身体不适的类型被称为"假性抑郁症"。假性抑郁症没有精神上的症状，或者即使有也很轻，由于容易与身体上的疾病混淆，所以有必要特别注意。

来自周围的援助很重要

　　抑郁症患者接受专家恰当的治疗是很重要的。但如果患者对去精神科有抵触情绪的话，不妨去内科看看。另外，也可以先去保健中心进行咨询，他们会根据患者的需要与相关医院取得联系。医院的治疗主要通过药物来进行，虽然最近也开发出了副作用很小的药，但是对患者来说，来自亲属以及周围朋友的援助才是最不可缺少的。这里列举几点家属、教师以及身边的朋友在给予患者援助时应该注意的要点。

● 身边的人援助患者时需要注意的要点

● 了解正确的知识

　　为了配合患者治疗时不出差错，患者身边的人应该对抑郁症有一定的了解。患者就诊时，亲属陪同前往。如果光靠患者自己诉说，可能会有让人很难理解的地方，所以亲属能够陪同患者一起就诊也是推进治疗的一个很重要的步骤。

● 认真倾听并接受患者讲的话

　　在患者抱怨自己感到恐惧、不安、焦虑等各种烦恼的时候，请认真倾听。即使感到患者的话中有矛盾的地方，也不要去否定患者所说的话，如实接受就可以了。

● 不要鼓励或责骂

　　抑郁症患者在受到鼓励后，反而会更自责，进而出现情绪低落等现象。所以不要对患者说"加油"、"振作点"、"快点康复"等口号性的激励话语。另外，除非患者本人希望，否则不要勉强患者外出去参加体育活动等。

● 不要焦急

　　当患者的病情稍许好转后，患者就会逞能去做某事。这时患者身边的人都会为患者的这种状态感到焦急，但是这时候身边的人要能克制自己的情绪，当患者出现逞能的行为时，要告诉患者"你的病刚好"，并阻止其逞能的行为。

● 创造静养的环境

　　如果患者是母亲的话，就需要身边的人帮助她料理家务和照顾孩子。如果家庭内部没有能提供帮助的人手，就雇个保姆或月嫂帮忙，为患者提供利于静养的环境。

● 不要忘记对孩子的呵护

　　不要让孩子觉得自己被大人抛弃了，也不要让孩子认为这是自己的错误造成的。家属以及身边的朋友也要对孩子倾注爱心，平复孩子的心情。

※出自：《女性的抑郁症》作者 /（日）野田顺子 （日本 主妇之友社 出版）
　　　　《给陷入抑郁症的你》主编 /（日）野村总一郎 （日本 讲谈社 出版）

Type **4**

总是慌慌张张，坐立不安

对许多有工作的母亲来说，忙碌的工作也会成为压力的来源。她们感到既没有时间也没有心情去照顾孩子。所以不知不觉地就会责骂孩子。

回顾一天所做的事，试着整理心情

我问一位母亲："你平时早上一直感到忙忙碌碌、慌慌张张的，为什么今天早上没有出现这种情况，似乎什么都很顺利呢？"母亲回答说："今天早上起得早，时间比较充裕。"那么，"为什么今天早上起得早呢？"母亲回答说："昨天晚上，孩子睡觉前我给他讲故事的时候没有急急忙忙的。"至于为什么没有急急忙忙的，是因为傍晚的时间安排得很好，多出了空余的时间，这样早上就没对孩子发火，能慢慢等着孩子作好准备了。

像这样对生活进行回顾整理就可以明白为什么会慌慌张张，也就自然知道调整哪个部分的情况会让事情好转。可以通过教师提问，家长自己作回顾的方式来对一天所做的事情进行一个整理。家长可以从自己认为有能力做到的地方开始，慢慢地进行调整。

快点儿，要迟到啦！

做一张"任务表"

更具体的建议是做一张"任务表"。

把"今天必须做的"、"这周必须做的"、"这个月必须做的"各个项目分开，按照优先顺序写出来。这样就会发现在"今天必须做的"一栏中有许多没办法在一天内完成的事情。这时候，可以重新考虑一下这些事情的安排，哪些是"今天绝对要完成的"，哪些是"可以往后推一推的"，哪些是"可以拜托其他人来做的"，这样就可以整理出一张不用很吃力就可以一天内完成的事情清单。

这样，通过调整工作量就可以游刃有余地安排时间、调整自己的心情了。这样一来，家长对待孩子的态度也会变得温柔起来，也能有更多的时间和孩子相处了。

为了母亲的身心健康

排序的时候最优先的应该是母亲自身的"饮食"和"休息"。有不少母亲因为繁忙而没时间吃饭、睡觉。本书第17页的"马斯洛的需求层次"理论可以作为教师支援家长时的参考。从基本需求的最底层开始让家长得到满足的话，家长的身心都会表现出活力，并保持稳定的状态。

休息，除了要保障睡眠时间以外，"放松"也很重要。在家长中，有人"不知道放松的方法"或者"自己从来都没有考虑过放松"。对于这样的家长，教师可以对她说"您已经很努力了呀"，然后有必要让母亲注意到自己在放松的时候，孩子也可以安定下来。当家长亲身感受过自己放松后责骂孩子的次数也变少了的经历之后，就会意识到放松的重要性了。具体的放松方法因人而异，教师可以依照第77页所介绍的方法和家长一起去寻找合适的放松方法。

暂时离开孩子

有家长认为照顾孩子非常花费时间，没有时间进行自我放松。这是因为，那些有障碍的或者很难管教的孩子也很难拜托亲属或邻居代为照顾。其实在这种情况下，家长可以利用专业机构让其代为照顾孩子，这样多少能够制造一些母子分离的时间。教师也可给家长介绍一些早教中心、亲子中心，让家长与这些机构取得联系。

可以利用早教中心和亲子中心等专业机构。

Point

- 通过回顾当天所做的事，可以找到需要调整和改善的地方。
- 在"任务列表中"按优先顺序排列所要做的事。
- 在对家长进行援助时，也可以活用马斯洛的需求层次理论。

这类家长给孩子留下冷淡的印象，而且总是责骂孩子。教师与他们谈论孩子的话题时，他们也表现出没有什么兴趣的样子。甚至有家长说过"原本不准备生孩子的"、"都是因为这个孩子我才……"之类的话。

总是心情不好，责骂孩子

体会家长的心情

类似这样的家长其实很多。她们作为职业女性能风风火火地工作，而且感到生活很充实，但是一般都因为结婚或生孩子而辞去了工作。当她们拿现在的自己与工作时能体现价值的自己作比较时，就会感到对现在的生活有很多不满。她们会把出现这种现状的原因归结到孩子身上，认为都是因为孩子，自己才不得不放弃了职业生涯。

在这种情况下，教师如果对家长说"多为孩子着想"、"抚养孩子其实是很快乐的"之类的话，只会招来家长更多的不满。所以教师最好先站在家长的角度去体会一下家长的心情。

教师可以试着询问家长，以这些询问去启发家长思考。譬如询问"在你感到烦躁不安的时候，你会

严厉斥责

想一想这是谁给你洗的啊？

做什么",家长就会意识到"我想我会去责骂孩子"。这时,教师千万不要立即否定家长的做法,而是向家长表示同感。教师可以说"是啊,烦躁不安的时候的确会不小心发泄在孩子身上呢",然后继续倾听家长诉说自己的不满。最重要的是,首先让家长意识到为什么自己觉得孩子一点都不可爱,再让家长意识到让自己烦躁不安的原因不是来自孩子,而是来自自身的某些问题。

法。有这么一个案例,当教师对一位过去从事室内设计的母亲说:"您的育儿经验肯定会对今后有帮助的!"这位母亲的心情立刻就发生了转变,认为教育孩子对自己来说不再只有负面的影响,从此以后对育儿活动的想法也发生了变化。

转变家长的看法

最后,为了让家长能改变想法,教师可以用暗示的方法来提醒家长应该怎么去做。

比如,可以对那些希望早日从看孩子的阶段解脱出来的家长说"如果现在好好和孩子建立信赖关系的话,孩子就会比较早独立。这样的话您抚养孩子也会变轻松,就有可能早日回到原来的工作岗位上去"。这样说的话可以让家长对未来的情况有所期待,也可以安心育儿。

教师还可以告诉家长,对于某些职业来说,育儿活动对以后的工作还会有很大的帮助,这样做可以让家长转变对育儿活动的看

怀疑家长虐待孩子时, 求助专业机构

教师即使按照上面说的那样做了, 也会遇到一些无论怎么开导都无法改变看法的家长。比如, 有些家长在感到烦躁不安的时候总是把矛头指向孩子, 也有些家长因为压力过大而感到没有精力抚养孩子。类似这样家长感到教育孩子特别困难的案例有不少, 特别是那些过去在工作中表现良好、对自己很有自信的家长会为现在"不能控制自己"而感到烦躁不安, 这时他们就容易产生"控制某些事物"的欲望。如果家长将这种控制欲望发泄到孩子身上的话, 就会用虐待孩子等不恰当的方式来对待孩子, 这也是最令人担心的。

所以, 只要教师觉得家长有虐待孩子的倾向, 就应该向园长或主任汇报, 也可以考虑和相关机构取得联系。孩子是否受到虐待从孩子的表现中就可以发现, 教师可以参考下一页的检查表来判断孩子是否遭到了虐待。

Point·······························

● 教师需要了解家长为什么会认为自己"为孩子做出了牺牲", 并充分体会家长的心情。

● 根据家长的现状, 用暗示的方法来提示家长应该怎样去做, 转变他们的想法。

● 当发现孩子有受虐待的迹象时, 教师不要沉默不语, 应该及早想办法采取应对措施。

+α

解说

怀疑孩子受到虐待该怎么办

虐待，最重要的就是尽早发现、极早应对。平时经常接触家长和孩子的教师不要忽略孩子受到虐待后的种种迹象。为了让教师减少对虐待的误判，在这里列出了从发现虐待到采取应对措施的整个流程，希望教师们能够熟记于心。

通过检查，及早发现

教师可以用下面的项目为标准来检查和观察以便尽早发现孩子是否受到虐待。如果目前的状态和多个描述相吻合，那么这个孩子就很有可能受到了虐待。但也不能过分拘泥于这份"检查表"，还需要观察孩子和家长的日常表现，从全面的角度进行判断。

● 家长的状态

- ☐ 不能理解孩子的需求（不能预测或理解孩子的需求，不知道孩子为什么哭等）。
- ☐ 不希望孩子对新的游戏或玩具产生兴趣。
- ☐ 在和孩子玩耍时，刻意保持过度的距离。
- ☐ 认为孩子和自己处于同等立场，并会威胁到自己的存在。
- ☐ 从婴幼儿期的早期开始就强调娇惯孩子是非常不好的。
- ☐ 家长情绪波动强烈，当孩子不能达到家长的期望时，就立刻加以体罚。
- ☐ 在心理上过于依恋孩子，或者对孩子完全放任不管，极端性的倾向很强。
- ☐ 强迫性地教给孩子其能力范围之外的东西。
- ☐ 说明孩子的受伤状况时显得很不自然。
- ☐ 对与教师接触有抵触情绪。
- ☐ 夫妻关系、家庭经济状况不良，有生活上的压力。
- ☐ 身边没有可以谈心的朋友，比较孤立。
- ☐ 酗酒，服用兴奋剂、毒品等。

● 孩子的状态

☐ 经常受伤，但是原因不明，受伤后的应急处理也不充分。

☐ 没有特殊的疾病，但是发育迟缓。

☐ 表情单一、没有精神。

☐ 哭泣的时候露出很胆怯的表情。

☐ 没有进行预防接种或健康检查。

☐ 衣服很脏，有异味。

☐ 孩子的衣着明显比家长或兄弟姐妹的要差。

☐ 长时间没有洗澡。

☐ 衣着不符合季节和温度。

☐ 没有养成与年龄相符的基本生活习惯。

☐ 过度紧张、缺乏与人的目光接触、警戒心强。

☐ 思想不能集中。

☐ 无法参加集体活动，不能和其他孩子相处（幼儿）。

☐ 家长在身边的时候，会看家长脸色做事，家长一离开就显出漠不关心的样子。

☐ 讨厌身体接触（想抱他时他就逃跑；抱起来后身体僵硬；帮他换尿布或者换衣服时会表现出很恐惧的样子）。

☐ 不可思议的"乖孩子"（行为完全符合家长的期待，甚至还去照顾其他孩子）。

☐ 即使增加和孩子的接触机会，关系也亲密不起来。

☐ 对其他孩子很粗鲁，哪怕是因为很小的事情也会对其他孩子不断进行攻击。

☐ 欺负或者杀害虫子、小动物等。

☐ 即使摔跤受伤了也不哭，也不寻求帮助。

☐ 一旦放纵后就停不下来，不能控制自己。

☐ 吃饭或吃点心时表现得很贪婪，或者躲着其他人偷偷地吃。

☐ 排斥其他孩子，希望独自占有特定的教师。

☐ 不来幼儿园也不和教师联络。

初期的应对流程

虐待儿童的问题，主要是由妇女儿童工作委员会和各地妇联为中心进行应对的。但是幼儿园、托儿所平时经常和父母及孩子接触，所以在最初的应对阶段也肩负着很重的责任。首先，幼儿园和托儿所应该做的是进行预防性的应对，即为家长提供援助，把虐待防患于未然。教师也要留意家长无意识中表现出来的对待孩子的不恰当行为。至今仍有家长残留着这种想法：棍棒教育才是家长应该秉承的教育理念；还有些家长觉得"谦逊就是美德"，于是就常常当着孩子的面对其他人说"我家孩子什么都做不好"，这会伤害到孩子的自尊。这些都是对孩子的成长产生不利影响的做法。教师有必要把这些需要留意的地方告诉家长，让家长明白这点。

另外，教师的重要职责之一就是"察觉到家长和孩子有不对劲的地方就要及早采取正确的应对措施"。向上级报告虐待问题是教师的义务，即使弄错了情况也不应该受到责备。为了方便教师察觉到家长和孩子出现异常后能采取适当的应对措施，教师可以参照右边的初期应对流程图。

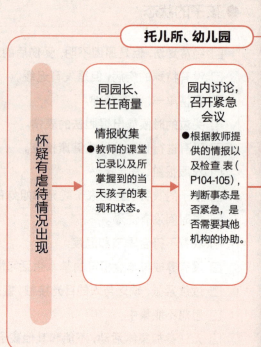

怀疑有虐待情况出现

→

同园长、主任商量

情报收集
●教师的课堂记录以及所掌握到的当天孩子的表现和状态。

→

园内讨论，召开紧急会议
●根据教师提供的情报以及检查表（P104-105），判断事态是否紧急，是否需要其他机构的协助。

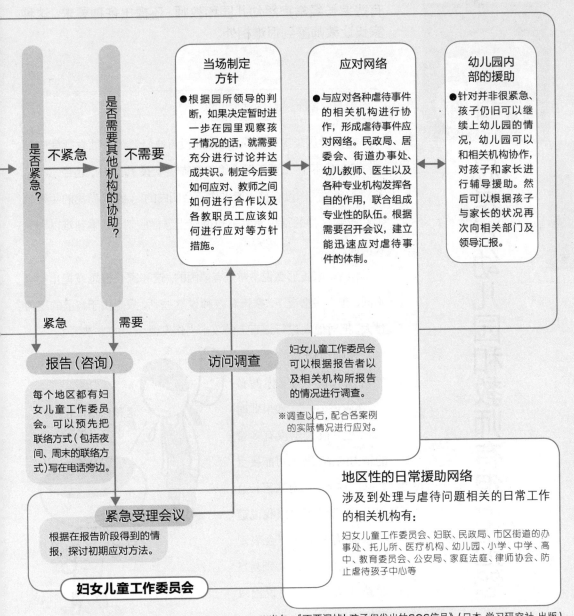

是否紧急？

不紧急 →

是否需要其他机构的协助？

不需要 →

当场制定方针

● 根据园所领导的判断，如果决定暂时进一步在园里观察孩子情况的话，就需要充分进行讨论并达成共识。制定今后要如何应对、教师之间如何进行合作以及各教职员工应该如何进行应对等方针措施。

⟷

应对网络

● 与应对各种虐待事件的相关机构进行协作，形成虐待事件应对网络。民政局、居委会、街道办事处、幼儿教师、医生以及各种专业机构发挥各自的作用，联合组成专业性的队伍。根据需要召开会议，建立能迅速应对虐待事件的体制。

⟷

幼儿园内部的援助

● 针对并非很紧急、孩子仍旧可以继续上幼儿园的情况，幼儿园可以和相关机构协作，对孩子和家长进行辅导援助。然后可以根据孩子与家长的状况再次向相关部门及领导汇报。

紧急

需要

报告（咨询）

每个地区都有妇女儿童工作委员会。可以预先把联络方式（包括夜间、周末的联络方式）写在电话旁边。

访问调查

妇女儿童工作委员会可以根据报告者以及相关机构所报告的情况进行调查。

※调查以后，配合各案例的实际情况进行应对。

紧急受理会议

根据在报告阶段得到的情报，探讨初期应对方法。

妇女儿童工作委员会

地区性的日常援助网络

涉及到处理与虐待问题相关的日常工作的相关机构有：

妇女儿童工作委员会、妇联、民政局、市区街道的办事处、托儿所、医疗机构、幼儿园、小学、中学、高中、教育委员会、公安局、家庭法庭、律师协会、防止虐待孩子中心等

※出自：《不要漏掉！孩子们发出的SOS信号》（日本 学习研究社 出版）

Type 6

总是对幼儿园和教师有很多抱怨

有些家长经常抱怨幼儿园和教师，还提出各种要求。这种家长让教师感到很难相处。

了解隐藏在抱怨背后的事

在面对这类家长时，往往在还没与他们怎么接触教师就感到"自己应付不了"，更不用说给他们提供支援了。其中，还经常有家长对教师说"你没有孩子所以你不会明白的"，经验尚浅的年轻教师在听到这样的话后常常不知道应当怎样应对，更感到难以和家长沟通。

但是，家长那么说常常是有原因的。这和家长抱怨或提出要求不同，在许多情况下，家长对教师说这些话，只是由于自己的压力过大，把对他人进行语言上的攻击当作发泄压力的方法罢了。

教师用居高临下的口气对家长说"为了你的孩子，你应该……"，如果此时家长压力很大也没有多余的精力的话，就不可能接受教师的这番话。有些家长会在心中暗想"不要跟我说这些"，而有些家长则会表现出攻击人的姿态。特别是自尊越低的人越容易说出攻击性话语。

老师你还年轻，你是不会明白的……

倾听家长所讲的话

家长一般不会直接向自己不满的教师进行投诉，而会向园长、主任等其他教师反映情况。这时候接受家长投诉的教师如果对家长说类似"〇〇老师虽然没有孩子，但是有专业知识"等话语来维护被投诉教师的话，家长的心情非但不会得到平复，反而会加深家长同幼儿园之间的隔阂。

所以教师首先要为做得不周到的地方向家长道歉，然后在认真听完了家长的话之后再决定具体的应对方法。被家长投诉的教师也可以一起听听家长的话，但是这要先征求家长的同意，否则不方便一起参与谈话。这时候，同家长谈话的教师就有必要把同家长的谈话内容转达给被投诉的教师，共享信息。

让家长把真实的想法说出来

如果教师能够认真倾听家长说的话，就会明白家长这样做是压力造成的，也会明确自己下一步应该怎么做了。另外，有些家长的压力是考虑太多而由"自己制造出来"的，比如，为孩子的将来而担心，或者自认为其他家长觉得自己是个没用的家长等。当家长放下心里包袱后，就会自发地向教师倾诉这些

烦恼了。这时，家长也就不会将压力以抱怨他人的形式释放出来了，而且家长的烦恼也会自然而然地消失。

不过有时候如果家长对教师说"你是不会明白的"，也是有一定原因的，或许他们希望得其他教师的帮助。另一方面在应对发展障碍儿童等对专业性要求比较高的情况时，教师如果感到自己应对起来有一定困难的话，可以询问有经验的教师，或者咨询专家，还可以考虑采用一边让周围的人协助自己一边自己应对的方式来弥补自己的经验不足。

Point
- 了解家长真实的心情和要求。
- 思考家长的不安是否是由于家长自己考虑太多造成的。
- 教师不要一个人孤军奋战，在幼儿园要同其他教师进行协作，共享信息。

家长的发育障碍

大人的发育障碍问题，还没有被广泛地认识，但是在幼儿园的家长中也有出现发育障碍的情况。教师可以将大人的发育障碍问题也作为支援家长时来进行思考的一个角度。

对不起，真不好意思！

啊？怎么又……？

觉得家长很难相处

"总是忘记一些重要通知或者幼儿园要求交的东西"

"经常迟到"

"说话不分场合，满不在乎地说出伤人的话"

令人意外的是苦于应对上面这种家长的教师不在少数。

现在教师应对孩子的发展障碍问题的意识已经有了很大提高。但是，在让教师感到"很难相处"的家长之中，也有不少人存在发育障碍的问题。如果教师在对家长进行心理层面的援助后家长仍然没有任何转变的话，或许就有必要从发育障碍这个角度进行思考了。

话虽这么说，但是不能立即劝家长去就诊。教师可以在理解了家长的特点后去和家长相处并为家长提供援助。这是作为一名教师所能给家长提供的很重要的支援。通过身边亲朋好友的支援，以及生活的环境的改善，可以减轻由发展障碍引起的生活困难。

和家长相处的重点有以下三条：

- **不要忘记家长是没有恶意的。**
- **了解家长擅长的方面，并进行强化。**
- **对于家长不擅长的方面，可以和家长一起考虑怎样去减少困难。**

配合家长的特点去和家长相处

支援家长的具体方法和应对发育障碍儿童的方法基本相同。先了解对方在哪些方面感到困难，再根据具体的困难调整其生活环境和与他相处的方式。

比如ADHD患者有注意力不集中的症状，经常会忘记教师通知过的活动日程安排。在这种情况下，只是把幼儿园的通知单交给家长是不够的，为了让家长一看就明白，教师最好用下划线标出时间和日期。即使已经和家长联系过了，也要在要进行某活动之前再联系一次，并且可以考虑利用短信等形式，对家长不擅长的事进行提醒。另外，对于经常迟到的孩子，从家长不善于安排时间这点可以想到家长在早上出门前的准备上比较花时间。这时候，为了帮助家长理清做事的优先顺序，教师可以推荐家长把早上出门前的准备工作按照顺序写出来贴在墙上。这样家长就可以边看边进行准备，也容易理解。

还有，社会性差、交流困难也是广泛性发育障碍的症状之一。但是出现这种症状的家长很容易被误解成"很难相处的人"。

○○的妈妈，你在带○○哥哥的时候是怎么做的呢？

比如，发育障碍的家长很难理解语言以外的信息，所以不会观察状况再行动。在家长会等活动中，这样的家长就容易让人觉得"没眼色"。这时候，教师可以把要求大家做的事情说得具体点，比如"把椅子排成三列"等。教师并不需要特地避免让发育障碍的家长做事，只要明确地说出具体要求，这些家长还是能发挥作用的。这样一来，获得的评价也会提高，发育障碍的家长本人也会感觉到参加活动变得容易起来了。

另外，在家长会上，发育障碍的家长很容易进行长时间的发言，这会让其他家长很反感。这时候，教师可以将这位家长能够回答的问题用具体的提问形式进行提问。教师也可以在适当的时候中断这位家长的发言，然后添加"○○的意见非常有参考价值，谢谢你"的评语。这样也会让这位家长给其他家长留下良好的印象了。

为孩子和家长同时提供支援

除此之外，当教师看到孩子有异常表现，希望家长可以与幼儿园进行协作，共同应对孩子的问题时，发现家长也存在一些发育障碍导致共同应对不能顺利进行。

比如，孩子和家长都不擅长整理东西，家长就无法教给孩子整理东西的方法。这时候就有必要为孩子和家长同时提供支援，让他们学会把物品放到固定位置这项基本技能。教师可以为家长和孩子制作"携带物品清单"，并让他们在外出前按照清单对携带的物品逐个进行检查。

像这样，在应对孩子的同时，家长自身

也会留意到自己是否也有同样的问题。而且在应对孩子的问题时，家长阅读相关书籍、咨询专业人士的机会也会增加。出乎意料的是，有不少家长通过这些途径了解到相关症状以及特性，进而发现自己也有此类问题，意识到自己也有发育障碍。在意识到自己的某些特征之后，有些家长会主动向教师咨询。这时候，教师可以介绍家长去专门机构进行治疗。但是，即使是专家也会觉得诊断大人的发育障碍有很大的困难。因为发育障碍诊断是要根据个人的生长发育过程进行判断的，而要正确客观地掌握大人的生长发育（特别是7岁以前的状况）过程是非常困难的。其实教师不用介意诊断的结果，只要在了解家长的特点之后注意倾听他讲的话，然后和家长一起考虑合适的应对方法就可以了，教师的这种应对态度才是最重要的。

出现二次障碍的情况

发育障碍患者很难得到别人的理解，也很容易遭到周围人的误解和斥责。患者本人虽然想方设法下了很多功夫，但由于个人的性格以及特点不同，收到的效果也各有差异。在受到他人的误解和指责后，患者心里会积压各种不愉快经历，所以容易出现自律神经混乱、抑郁、饮食障碍等二次障碍。实际上，对于二次障碍，人们一般不会从发展障碍的角度去考虑，而是去精神科接受治疗来改善二次障碍的症状。虽说是二次障碍，但其症状却会让人非常痛苦。所以说与其执着于进行障碍诊断，不如考虑从心理层面去积极应对。对于教师来说，重要的是不要把家长在日常生活中的障碍单纯地当作家长的任性或自私，而是应该以"家长自身也出现了问题"来看待和处理。

有的家长总是依赖特定的某位教师进行商谈，并且还会对教师说"就对您一个人说哦"或者"您不要对其他人说哦"之类的话。

对家长强调把幼儿园当作一个整体来看

如果家长这样依赖教师的话，教师会产生"自己一定要做点儿什么"的想法，在不知不觉中就会一个人去面对问题。但是，独自面对就有可能导致整个人都陷进去不能自拔。所以当家长对教师说"只对您一个人说"时，教师首先要冷静。

教师可以考虑一下家长到底为什么只把问题告诉自己。家长这么做，有可能是因为这个问题不便对其他教师说，也有可能只是希望引起教师的注意而已。

教师可以先对这样的家长说"非常感谢您对我的信任"，然后再告诉他"因为不是我一个人在照看您的孩子，最好让其他教师也

这事我只告诉老师您，其实……

依赖特定的教师

知道一下这件事，您觉得怎么样"。总之，最基本的就是无论什么问题都不要一个人去应付。教师要向家长强调幼儿园是个整体，大家都有照看孩子的责任。接着，教师可以让家长列举至少一位他认为"也可以知道这件事"的教师。

制定听家长讲话的规则

即使教师按照上面的方法做了，仍然会有家长对教师说"绝对不要对其他人讲哦"。

这时候教师可以在听完家长讲的内容后，判断家长所说的内容过一段时间汇报是否也没有问题。如果是的话，教师可以暂时不汇报，观察事态的发展。因为，实际上有不少家长只是想对教师诉说一下家庭生活的不顺心等积压在心里的一些事情，以此来发泄压力而已。但是，在完全平复下来之前，家长也许会不断地向教师诉苦，教师可以制定一定的规则，比如在私人时间内不接受商谈等。如果不这样做的话，教师就容易出现过度疲劳的情况。

需要采取专业应对措施的情况

在喜欢依赖特定教师的家长之中，也存在患有人格障碍等心理疾病的家长。这时候，教师一个人是很难应对的，应当尽早同专家取得联系。

不过，教师也很难判断家长是否存在人格障碍问题，而且教师也绝对不能妄加断言。在下一页中，从包括医学观点在内的各种角度介绍了人格障碍的特征及应对重点，请教师参考。教师可以根据人格障碍的相关知识，在幼儿园中同其他教师进行交流，并制定一些应对家长时的统一规则，诸如"不告诉家长教师的个人电话号码"、"报告与家长的谈话内容"等。

另外，为了不让教师独自去解决问题，幼儿园可以把"幼儿园内部要进行整体的信息共享，无论什么事都要由幼儿园来共同解决"作为治园方针，并在入园仪式上告诉大家。

Point ·······

● 告诉家长，无论什么事都是由幼儿园共同进行应对的。教师绝对不要独自应对。

● 幼儿园要制定应对家长的规章制度。

● 教师要把家长自身的心理问题纳入考虑范围。

+α

解说

什么是人格障碍

就像类型7中提到的那样，过分依赖某位特定教师的行为就和人格障碍有着很大的关系。在这种情况下，教师独自去应对的话，从结果上来看对家长也是没有好处的，所以教师有必要对"人格障碍"有一个初步的了解。

边缘型人格障碍的诊断

一个人的"人格"不仅指他的"性格"，还包括此人与他人相处的方式，以及处理身边事情时所表现出来的行为模式等。一个人在同外部发生关系时，如果"人格"不能有效地发挥作用，就会产生不能适应环境的状况，即出现"人格障碍"的问题。

"人格障碍"有很多种，而且分类方法也多种多样，在此主要对幼儿教师在日常教学生活中遇到的可能性最高的"边缘型人格障碍"进行解说。

这种人格障碍患者的男女比例是1:3，女性居多，且患者年龄集中在二十多岁到三十多岁。患者常见的症状有"害怕被人抛弃"、"人格分裂"和"问题行为"这3种。

● 人格障碍的主要特征

● 害怕被人抛弃

这是3个症状中最为显著的症状，患者会产生害怕被身边的人抛弃的恐惧，而表现得十分不安。这种表现一般是受到幼儿时期生活的影响，患者从小就担心自己会被父母所抛弃而感到恐惧不安。

实际上，即使患者小时候没有受到诸如被家长忽视等虐待，他也仍旧强烈地感到恐惧不安，甚至为了不被父母抛弃，而从小一直扮演"好孩子"的角色。但是随着年龄的增长，就会出现光靠做个好孩子无法解决的问题，这时候，患者小时候因害怕被抛弃而产生的恐惧和不安就会再次涌现出来，并引起强烈的情绪反应。

患者出现恐惧、不安等状况往往是有诱因的。比如，与亲人分别、和好友吵架、别人不遵守约定等。但是，患者也有时会莫名地突然感到恐惧不安。

● 人格分裂

在患者的心中，会同时存在两种极端的考虑问题的方式，即两个自己。平时多数情况下对外表现出来的都是"好的自己"，但偶尔一个瞬间"坏的自己"也会跑出来。当患者感到伤心痛苦时，为了抵抗这种情绪的出现，那个"坏的自己"会突然表现出来。由于转变来得十分突然，会让周围的人感到十分吃惊。

当患者感到对方是"好人"时，就会产生极大的信赖感，并且十分依赖对方。但是，一旦认为对方否定了自己，即使是对同一个人，也会立即视对方为"讨厌的人"并加以否定和攻击。

● 问题行为

患者会在感情的强烈驱使下，冲动地做出一些有问题的行为，会经常被卷入原本和自己无关的事情中去。这种感情的根源就是"对被抛弃的恐惧"，患者经常会出现割腕、嗑药、多食、暴力等自残或破坏行为。

当患者想与能够接纳自己的人谈话时，又会害怕谣言乱传，破坏人际关系。所以患者总是愁眉苦脸地来找人商量，让身边的人觉得"不能扔下他不管"。

绝对不要一个人孤军奋战

　　教师经常会遇到患有人格障碍的母亲过度依赖自己的状况。当对方苦着脸说"我只能跟您一个人商量"时，教师往往会产生这样的想法："无论怎样我都会帮您想办法的"。当与教师关系变得亲密后，这些家长就会对教师产生百分之百的信赖，还会经常赞扬教师，所以表面上根本看不出被这些家长依赖有什么不好。但是，这种关系持续下去的话，会超越教师能够承受的范围，甚至会影响到教师的私生活。当教师感到无法承受时，又有可能给家长带来更大的"被抛弃的恐惧"。

　　所以教师应当在最开始就和家长保持有节制的交往，从长远角度来看这也是为对方着想。

对于办不到的事，要明确地拒绝

　　应对患有人格障碍家长的关键是，教师要区分自己做得到的事和做不到的事，并同家长保持适度的距离。

　　教师在平时就要明确自己的能力范围，超出这个范围，就要明确地说出"我办不到"来拒绝家长。有些家长过度依赖教师，每晚都往教师家打很长时间的电话。幼儿园最好把一些基本规定更加明确化：如"教师和家长谈话的地方只限于幼儿园"、"不能把私人电话告诉家长"等。另外，在教师非常忙碌的离园时，家长要求同教师谈话的情况也很常见。这时，教师可以用"如果20分钟左右可以说完的话，我可以听您讲话"来限制谈话时间。

不要被对方牵制住

　　教师在跟家长谈话时要注意不要被对方说话的步调给牵制住。但是如果教师漫不经心地去听家长讲话，家长也会敏感地察觉到。所以，"不被牵制，真诚接受"才是和家长谈话时的关键。

　　有时家长说话会出现条理不清的现象，教师最好不要去追问。当家长与教师说到其他教师的事，或者同班其他家长的不好的传闻时，教师也不要立即信以为真，可以直接与该教师或者家长本人进行确认。为了防止出现误会，平时幼儿园内部的信息交换、协力合作是非常重要的。

　　总之，如果家长是人格障碍患者的话，教师独自一人去应对家长是非常危险的。有许多报告都指出，如果教师和家长的关系过分亲密的话，会出现教师和家长一同"倒下"的状况。

　　所以教师在平时就要注意，无论和哪位家长都要保持适度的距离，有节制地同家长进行交往。当感到有异常状况时，首先要跟园长及其他教师商量，也可以根据问题的严重程度考虑与某些问题的专家取得联系。幼儿园或者托儿所可以先和保健所或者保健中心的相关工作人员进行咨询。

※出自：《了解人格障碍的书》主编/（日）市桥秀夫（日本 讲谈社 出版）

家长的心声

作者在许多地方都举办了以母亲为主要参加对象的"亲子学习会"。这里是家长们在学习了"孩子的行为分析"以及"压力管理"后的部分感受。

意识到了在跟孩子说话时要考虑孩子的理解力。

虽然孩子现在说的话还很少，很难知道对他说什么他才能理解。但今后我会有意识地找些容易传达的词语，并在说话方式上下功夫。

亲身感受到自尊的重要性。

在责骂孩子之前我会先观察孩子的表现，而且渐渐地不再对孩子进行责骂，而是用说教的方法来告诉孩子。而且，我发现通过这样做不仅是孩子，我自身以及丈夫的自尊也得到了提高。这对孩子也有正面的影响。

有意识地增加了对孩子的表扬。

以前，孩子的事都是我包办的。现在当孩子有兴趣做某事时，我会让孩子去尝试，有意识地增加让孩子完成某事后体验成就感的机会。

明白了孩子各有各的特点。

　　我觉得不要将孩子同其他孩子进行比较，而是应当去理解孩子现在的状态。而且家长不应该从孩子"不会做什么"的角度去认识孩子，应该从"孩子在努力"的角度去看待孩子，并且给孩子提供援助，让他们渐渐感受到成就感。

亲子交流方式开始发生变化。

　　过去我总是这样和孩子说话

　　母亲：为什么不去做○○啊？！

　　孩子：因为……

　　母亲：哪来那么多的因为所以啊！

　　我现在不这样和孩子说话了，也感到自己的压力减轻了不少。

改变了对待孩子的方式后，孩子的状态也发生了改变。

　　我的孩子总是没有安静的时候。所以我尽量创造和孩子一对一相处的"特别时间"来进行交流。现在孩子随便到处乱跑的行为减少了，也养成了早睡早起的好习惯。但是提醒他很多次可他仍旧不改的问题现在依然存在。这时候，我也不会责骂他，而是温柔地对他说"我们做……吧"。

心情稍许轻松了一些。

　　过去总觉得育儿是个很沉重的负担，现在通过改变看法，发现育儿也是很快乐的，肩上的负担也一下子减轻了。

主编和撰稿人的个人资料

主编·撰稿人 ● Keiko Takayama

NPO（非营利机构）法人，爱迪生俱乐部会长。临床心理医师。从日本昭和大学药学部毕业后，经营补习学校长达10年时间。之后，在美国三圣学院（Trinity College）取得硕士学位（幼儿及儿童教育专业），并在同一所大学取得了临床心理学硕士学位。回到日本后，曾就职于儿童养护机构和培智学校等。现在在保健所从事儿童发展咨询以及幼儿园的巡回指导临床工作，专门针对ADHD儿童以及其他患者进行教育和心理咨询。除此之外，她还经常在以教育人士、幼儿园教师、PTA（家长教师联合会）为参加对象的研讨会上担任讲师一职。

日本文部科学省 中央教育审议会 特别支援教育部委员
日本文部科学省 特别支援教育实践部委员 指导方针决策制定顾问
日本星槎大学客座讲师
日本北海道大学研究生院 幼儿发展临床研究中心研究员 等

撰稿人 ● Harumi Fujita

社会福利法人弥生福利会，小毛球保育园地区育儿支援中心骨干保育师（日本北海道带广市）。日本堀口诊所，临时临床保育师（日本北海道钏路市）。曾经在北海道立绿丘医院（精神科专门医院）担任外来儿童以及儿童病房、脑器质病房的医疗保育师19年，从2003年开始担任现在的职务至今。她一直坚信向家长传达无论孩子有没有障碍，都有必要了解"当前有用的信息以及和孩子相处的方式"，始终致力于组织各地区的相关机构进行合作，为孩子带去快乐的生活。

日本十胜ADHD&LD恳谈会副会长
日本十胜自闭症儿（患者）地区支援研究会 事务局委员
日本北海道儿童防虐待协会 十胜支部 管理委员

NPO法人 爱迪生俱乐部

会长/Keiko Takayama

爱迪生俱乐部是日本最大的以支援ADHD患者、提供和普及ADHD的相关知识为目的的团体。ADHD作为发育障碍的一种，我们不应去放大它，而是应该将其作为患者的一种个性，并帮助患者发挥自身的长处，克服自身的弱点。

爱迪生俱乐部在ADHD这个领域中走在日本前列，也经常举办各种活动、经常去海外收集最新的信息、发行俱乐部的会报、举行研讨会等。现在爱迪生俱乐部在日本全国设置了14处分支机构，吸引了很多的家长还有保育、福利、医疗、教育、心理方面的相关人士以及学生的加入。俱乐部为他们提供了包括自闭症在内的众多课题的相关信息。

关于亲子学习会（面向家长）、指导者培养、恳谈会、公开讲座、电话咨询（付费）等的详细资料请参见俱乐部官网。

●

联系地址

俱乐部地址：日本　崎玉县入间市丰冈1-1-1-924（邮编358-0003）
Fax：（0081）04-2962-8683（日本）
官方网站：http://www.e-club.jp/
E-mail：info@e-club.jp

※各支部的联络方式（电话，网址等）可以参考主页。另外，在主页上还可以免费下载小册子《显示不出实力的孩子们》、《大人的ADHD故事——ADHD这个名字的恩惠》等。

staff

封面及扉页人偶制作／Naoko Ideishi

●

封面及扉页摄影／Mikihiko Kobayashi·SAIKOUSHA

●

正文插图／Akiko Ichikawa、Miya Tsunenaga、Kaori Yamazaki

令人头疼的孩子教养全攻略系列丛书

符合"令人头疼的孩子"特点的游戏创意集

不一样的孩子 不一样的玩法

著●Shinichi Ninomiya（日本儿童教育专家）
审订●王立新（北京师范大学儿童发展心理学专家）

● 儿童身心发展游戏方案集 ●

　　游戏能带给孩子无穷的快乐，但是除此以外游戏还能给孩子带来些什么呢？对于一些"令人头疼的孩子"来说游戏有着意想不到的神奇作用。本书本着"通过游戏发展孩子身心"的理念，从"身体"、"感觉"和"社会性"三大角度进行具体剖析，围绕10个主题展开的45个游戏详案，帮助"令人头疼的孩子"从五大领域各个方向全面发展。每个游戏都配有详尽的步骤图解和导入方法，帮助您轻松上手，在和孩子一起体验游戏乐趣的同时让孩子的身心得到发展吧！

适合幼儿园及小学低年级的教师和家长阅读。

定价：33.60元

了解轻度发育障碍，帮助孩子快乐成长

儿童问题行为实例解析与对策集

著●Yasuo Tanaka（日本北海道大学研究生院教授，儿童精神科医师）
审订●王立新（北京师范大学儿童发展心理学专家）

● 其实你们不懂有自闭、多动倾向的儿童 ●

　　本书深入浅出地介绍了轻度发育障碍的基础知识，并通过26个具有代表性的经典实例解析和13个知识性小专栏进一步具体解析轻度发育障碍，而且针对各种不同情况，幼儿园教师、临床医师、心理咨询师分别从三个角度为您提供应对策略。作为教师和家长，只有正确理解有自闭、多动倾向的孩子以及他们所面临的"生存困境"，才能找到专属于他们的教育方式。

适合幼儿园及小学低年级的教师和家长阅读。

定价：39.80元

著作者：

Keiko Takayama   Naoko Ideishi   Akiko Ichikawa   Kaori Yamazaki

Harumi Fujita   SAIKOUSHA   Miya Tsunenaga

© Gakken-ep

Chinese translation rights arranged with Gakken Publishing Co., Ltd.

图书在版编目（CIP）数据

儿童教养难题家园互动解决方案 / 〔日〕高山惠子著；张洁译.—北京：中国青年出版社，2010.1

（令人头疼的孩子教养全攻略）ISBN 978-7-5006-9118-1

I.①儿… II.①高…②张… III.①儿童教育－研究 IV.①G61

中国版本图书馆CIP数据核字（2009）第226400号

儿童教养难题家园互动解决方案

〔日〕Keiko Takayama 著

出版发行： 中国青年出版社

地　　址： 北京市东四十二条21号   邮政编码： 100708

电　　话： (010) 59521254/1256   传　真： (010) 59521133

企　　划： 北京中青学研教育科技发展有限公司

责任编辑： 郭　光   戴焰洪   高　博   焦一然

美术编辑： 李　恒

翻　　译： 张　洁

印　　刷： 山东新华印刷厂德州厂

开　　本： 787×1092   1/16

印　　张： 8

版　　次： 2010年2月北京第1版

印　　次： 2010年2月第1次印刷

书　　号： ISBN 978-7-5006-9118-1

定　　价： 33.60元

"北京北大方正电子有限公司"授权本书使用如下方正字体。

内文用字包括： 方正兰亭黑系列